# Ciotole di Buddha nutrienti

Esplora l'arte di creare ciotole di Buddha deliziose e nutrienti, perfette per ogni pasto della giornata. 100 COLORATI. RICETTE SANI E RIPIENI

Giulia Longo

Materiale protetto da copyright ©2023

Tutti i diritti riservati

Senza l'appropriato consenso scritto dell'editore e del proprietario del copyright, questo libro non può essere utilizzato o distribuito in alcun modo, forma o forma, ad eccezione di brevi citazioni utilizzate in una recensione. Questo libro non deve essere considerato un sostituto della consulenza medica, legale o di altro tipo.

# SOMMARIO

- SOMMARIO ........................................................................................... 3
- INTRODUZIONE ................................................................................. 7
- **CIOTOLE PER LA COLAZIONE** ............................................... 9
  - 1. Ciotole per la colazione con quinoa al cocco ........................... 10
  - 2. Ciotole per la colazione con torta di mele e farro ................... 13
  - 3. Ciotole per la colazione al miglio di more ............................... 15
  - 4. Ciotole di avena per la notte in acero e vaniglia ..................... 17
  - 5. Ciotole Tabbouleh per la colazione al melograno e Freekeh ... 19
  - 6. Ciotole per la colazione con zucca invernale Maple-Masala ... 21
  - 7. Ciotole di porridge multicereali con spezie Chai ..................... 23
  - 8. Ciotole per la colazione con patate dolci ................................. 25
  - 9. Ciotole di avena e uova di miso a cottura lenta ...................... 27
  - 10. Ciotole per la colazione con semi di chia Golden Milk ......... 29
  - 11. Ciotole di papaya alla vitamina C ........................................... 31
  - 12. Ciotole per la colazione al pesto di spinaci e funghi ............. 33
  - 13. Ciotole di fagioli neri e chorizo .............................................. 35
  - 14. Ciotole per la colazione Congee a cottura lenta .................... 37
  - 15. Ciotole per la colazione di grano saraceno e fagioli neri ...... 39
  - 16. Ciotole per la colazione di ceci strapazzate ........................... 41
- **PORTATA PRINCIPALE** ............................................................ 43
  - 17. Ciotole di patate croccanti e salmone affumicato .................. 44
  - 18. Tofu Scramble Bowls con cavoli e cavoletti di Bruxelles ...... 46
  - 19. Ciotole Niçoise di lenticchie e salmone affumicato ............... 49
  - 20. Ciotole di mandorle, quinoa e salmone .................................. 51
  - 21. Ciotole di salmone affumicato e soba ..................................... 53
  - 22. Ciotole di salmone e miglio marocchino ................................ 55
  - 23. Ciotole di agrumi e salmone agrodolci ................................... 58

24. Ciotole di salmone Teriyaki con cavolo brasato al miso .................... 61

25. Baccalà brasato al pomodoro e ciotole d'orzo ................................. 64

26. Ciotole di tonno al sesamo ................................................................ 67

27. Ciotole estive con gamberetti ........................................................... 70

28. Zucchine vietnamite e ciotole di gamberetti .................................... 73

29. Ciotole di gamberi e farro al balsamico ........................................... 75

30. Ciotole di Freekeh con cipolle caramellate, pomodori caldi e pesce scottato ................................................................................................... 78

31. Ciotole di salmone Superfood .......................................................... 81

32. Ciotole di riso integrale con pesce scottato e chimichurri ............... 84

33. Ciotole di spaghetti Soba di arachidi allo zenzero .......................... 86

34. Ciotole di pollo al curry verde e quinoa .......................................... 89

35. Ciotole di taco di quinoa e pollo con condimento al coriandolo e lime ......................................................................................................... 90

36. Ciotole di pollo e orzo in crosta di dukkah ..................................... 93

37. Ciotole di pollo Harissa ................................................................... 96

38. Calde ciotole autunnali di pollo e riso selvatico .............................. 99

39. Ciotole di quinoa di pollo al barbecue .......................................... 102

40. Ciotole di pollo Chimichurri .......................................................... 104

41. Ciotole di pollo e riso al basilico alla pesca ................................... 106

42. Ciotole piccanti di pollo tailandese e riso integrale ...................... 109

43. Ciotole di pollo veloce e patate dolci ............................................ 112

44. Ciotole di pollo Kofta .................................................................... 115

45. Ciotole di pollo alle erbe e ortaggi a radice ................................... 118

46. Ciotole di cavoletti di Bruxelles al limone affumicato con polpette di tacchino ................................................................................................ 121

47. Ciotole saltate in padella con tacchino e cavolo con salsa di mandorle ............................................................................................... 124

48. Bistecca Fajita Spaghetti Zucca Ciotole ......................................... 127

49. Condimento della dea verde avocado ........................................... 130

50. Ciotole di manzo e broccoli .................................................................. 132
51. Ciotole di manzo in stile coreano con tagliatelle di zucchine ............. 135
52. Ciotole di spaghetti al miso con manzo saltato in padella ................. 138
53. Ciotole di manzo allo zenzero ............................................................ 141
54. Ciotole di peperoncino invernale con manzo, fagioli e verdure .......... 144
55. Power Bowl greche .............................................................................. 146
56. Ciotole di melanzane ripiene con agnello speziato ............................ 148
57. Ciotole di kebab di agnello ................................................................. 151
58. Ciotole di polpette di agnello con tagliatelle di patate dolci ............... 154
59. Ciotole di quinoa di lenticchie con polpette di agnello Harissa ......... 157
60. Ciotole di tabbouleh di cavolfiore con polpette di agnello ................. 160
61. Ciotole di taco di agnello e cavolfiore arrosto con chimichurri .......... 163
62. Ciotole di quinoa super verdi ............................................................. 166
63. Ciotole croccanti di fagioli bianchi e pesto ........................................ 168
64. Ciotole di quinoa della dea verde con tofu croccante ....................... 171
65. Ciotole di ceci Za'atar ........................................................................ 173
66. Ciotole Power Falafel Di Cavolfiore ................................................... 179
67. Ceci alle erbe e ciotole di bulgur ....................................................... 182
68. Ciotole di zucca e cavolo ................................................................... 184
69. Ciotole di lenticchie e tomatillo arrostito ........................................... 186
70. Ciotole Banh Mi .................................................................................. 189
71. Ciotole al curry tailandese al cocco ................................................... 192
72. Ciotole di sushi vegetariane ............................................................... 194
73. Ciotole Soba primaverili ..................................................................... 197
74. Riso ai broccoli e ciotole per uova ..................................................... 200
75. Ciotole tailandesi di cavolfiore ........................................................... 202
76. Tofu piccante al sesamo e ciotole di riso .......................................... 204
77. Ciotole di tofu in acero e peperoncino ............................................... 207
78. Ciotole di ceci Masala ........................................................................ 210

79. Raccogli macro ciotola .................................................. 213
80. Ciotole di cavolfiore e lenticchie alla curcuma e zenzero .............. 215
81. Ciotole di patate dolci e lenticchie ................................... 218
82. Ciotole di patate dolci Chipotle ....................................... 220
83. Ciotole di ceci speziate marocchine .................................... 223
84. Macro ciotole di zucca invernale e farro ............................... 226
85. Ciotole di falafel di barbabietola ..................................... 229
86. Ciotole di lenticchie rosse speziate etiopi con verdure ................ 232
87. Ciotole di verdure arrostite alla curcuma .............................. 235
88. Ciotole di verdure arrostite alla curcuma .............................. 238

# BUDDHA BOWLS CONDIMENTI ............................ 241

89. Condimento della dea verde avocado ..................................... 242
90. Salsa di avocado ....................................................... 244
91. Vinaigrette di tutti i giorni di base .................................. 246
92. Salsa Chimichurri ...................................................... 248
93. Salsa cremosa di feta .................................................. 250
94. Pesto essenziale con qualsiasi erba .................................... 252
95. Salsa di formaggio di capra leggera e cremosa .......................... 254
96. Salsa di miso e zenzero ................................................ 256
97. Salsa di arachidi ...................................................... 258
98. Raitta ................................................................. 260
99. Salsa di peperoni rossi arrostiti ...................................... 262
100. Salsa Tahin ........................................................... 264

# CONCLUSIONE ...................................................... 266

# INTRODUZIONE

Le ciotole di Buddha sono diventate sempre più popolari negli ultimi anni, e per una buona ragione. Queste ciotole colorate e ricche di sostanze nutritive sono un ottimo modo per gustare una varietà di sapori e consistenze in un unico pasto, fornendo al contempo al tuo corpo il nutrimento di cui ha bisogno per prosperare. Da cereali e verdure a proteine vegetali e grassi sani, le Buddha Bowl sono il pasto perfetto per chiunque desideri seguire una dieta equilibrata.

In questo libro di cucina condivideremo 100 deliziose e nutrienti ricette di ciotole di Buddha perfette per ogni momento della giornata. Che tu stia cercando un'abbondante ciotola per la colazione per iniziare la giornata, una leggera e rinfrescante ciotola per il pranzo o una soddisfacente ciotola per la cena, abbiamo quello che fa per te.

Le nostre ricette sono progettate per essere facili da seguire, con istruzioni semplici e ingredienti facili da trovare. Condivideremo anche suggerimenti e trucchi per costruire la perfetta ciotola del Buddha, in modo che tu possa creare le tue creazioni personalizzate in base alle tue preferenze e alle tue esigenze dietetiche.

Quindi, unisciti a noi in questo viaggio alla scoperta dell'arte di creare deliziose e nutrienti ciotole di Buddha. Con le nostre 100 ricette, non rimarrai mai senza ispirazione per il tuo prossimo pasto.

In questo ricettario troverai:

- Ingredienti ricchi di nutrienti
- Deliziose proteine vegetali
- Grassi gustosi e sani
- Cereali integrali
- Prodotti di stagione

- Ricette semplici e facili da seguire
- Opzioni personalizzabili per esigenze e preferenze dietetiche
- Foto belle e vibranti di ogni piatto
- Suggerimenti per la preparazione dei pasti e la cottura in batch
- Una guida agli utensili da cucina essenziali per realizzare le ciotole di Buddha
- Idee per creare pasti equilibrati

E molto di più! Quindi, che tu sia un professionista esperto o un principiante nel mondo delle ciotole di Buddha, questo libro di cucina è per te. Preparati a nutrire il tuo corpo e le tue papille gustative con la nostra raccolta di 100 deliziose e salutari ricette di ciotole di Buddha.

# CIOTOLE PER LA COLAZIONE

# 1. Ciotole per la colazione con quinoa al cocco

Serve 4

**INGREDIENTI**
- 1 cucchiaio (14 g) di olio di cocco
- 1½ tazza (265 g) di quinoa rossa o nera, sciacquata
- (14 once o 392 g) possono latte di cocco leggero non zuccherato, più altro per servire
- tazze (470 ml) di acqua
- Sale marino fino
- cucchiai (40 g) di miele, agave o sciroppo d'acero
- 2 cucchiaini (10 ml) di estratto di vaniglia
- Yogurt al cocco
- Mirtilli
- bacche di Goji
- Semi di zucca tostati
- Scaglie di cocco tostate non zuccherate

**ISTRUZIONI**
a) Scaldare l'olio in una casseruola a fuoco medio. Aggiungere la quinoa e tostare per circa 2 minuti, mescolando spesso. Aggiungere lentamente la lattina di latte di cocco, l'acqua e un pizzico di sale. All'inizio la quinoa bollirà e schizzerà, ma si depositerà rapidamente. Portare a ebollizione, quindi coprire, ridurre il fuoco al minimo e cuocere a fuoco lento finché non raggiunge una consistenza tenera e cremosa, circa 20 minuti. Togliere dal fuoco e aggiungere il miele, l'agave o lo sciroppo d'acero e la vaniglia.
b) Per servire, dividi la quinoa nelle ciotole. Completare con latte di cocco extra, yogurt al cocco, mirtilli, bacche di goji, semi di zucca e scaglie di cocco.

Qual è la differenza tra quinoa bianca, rossa e nera? Per cominciare, tutte e tre le varietà sono uguali quando si tratta di salute e nutrizione. Ognuno è senza glutine, è una proteina completa e vanta una buona dose di fibre e ferro. Ci sono un paio di sottili differenze che li distinguono: tempo di cottura, masticabilità e sapore. La quinoa bianca ha il sapore più delicato dei tre e generalmente impiega circa 15 minuti per cucinare. La quinoa rossa richiede qualche minuto in più sul fornello, ha un sapore più nocciolato e ha una masticazione leggermente maggiore, mentre la quinoa nera è la più nocciola delle tre, con il sapore e la consistenza più distinti e beneficia di 5 minuti in più di cottura tempo. Possono essere tutti usati in modo intercambiabile, quindi quello che scegli dipende dalle preferenze personali.

## 2. Ciotole per la colazione con torta di mele e farro

Serve 4

**INGREDIENTI**
- 2 mele, tritate, divise
- 1 tazza (165 g) di farro perlato
- 4 tazze (940 ml) di acqua
- 1½ tazze (355 ml) di latte (da latte o non caseario)
- 1 cucchiaino (2 g) di cannella in polvere
- ½ cucchiaino di zenzero macinato
- ⅛ cucchiaino di pimento
- Sale marino fino
- 2 cucchiai (30 ml) di sciroppo d'acero, miele o agave
- ½ cucchiaino di estratto di vaniglia
- Pecan tostati
- uva passa
- Semi di zucca tostati
- Semi di canapa

**ISTRUZIONI**

a) Aggiungere una delle mele tritate, insieme al farro, acqua, latte, cannella, zenzero, pimento e un pizzico di sale in una casseruola media e mescolare. Portare ad ebollizione. Ridurre il fuoco al minimo, coprire e cuocere a fuoco lento, mescolando di tanto in tanto, finché sono teneri, da 30 a 35 minuti. Tutto il liquido non verrà assorbito. Togliere dal fuoco, aggiungere lo sciroppo d'acero, il miele o l'agave e la vaniglia, quindi coprire e cuocere a vapore per 5 minuti.

b) Per servire, dividere il farro nelle ciotole. Aggiungere la mela rimanente e guarnire con noci pecan, uvetta, semi di zucca e semi di canapa.

## 3. Ciotole per la colazione al miglio di more

Serve 4

**INGREDIENTI**
- 1 tazza (165 g) di miglio crudo
- 2 tazze (470 ml) di latte (da latte o non caseario)
- 1½ tazza (355 ml) di acqua
- 1½ tazza (220 g) di more, divise
- ½ cucchiaino di zenzero macinato
- Sale marino fino
- 3 cucchiai (60 g) di miele, più altro per guarnire
- 1 cucchiaino (5 ml) di estratto di vaniglia
- 2 cucchiai (30 ml) di succo di limone appena spremuto
- 1 tazza (240 g) di yogurt greco naturale
- Noci tostate, tritate
- Scaglie di cocco tostate non zuccherate

**ISTRUZIONI**
a) Unisci il miglio, il latte, l'acqua, ½ tazza (75 g) di frutti di bosco, lo zenzero e un pizzico di sale in una casseruola media. Portare a ebollizione, quindi ridurre il fuoco al minimo, coprire e cuocere a fuoco lento fino a quando sono teneri ma non tutto il liquido è stato assorbito, circa 15 minuti. Mescolare di tanto in tanto e rompere le bacche con un cucchiaio mentre si ammorbidiscono.
b) Togliere dal fuoco e cuocere a vapore con il coperchio per 5 minuti. Mescolare il miele e la vaniglia.
c) Nel frattempo, sbattere il succo di limone nello yogurt.
d) Per servire, dividi il miglio nelle ciotole. Completare con la miscela di yogurt, le restanti 1 tazza (145 g) di more, noci, cocco e un filo di miele.

## 4. Ciotole di avena per la notte in acero e vaniglia

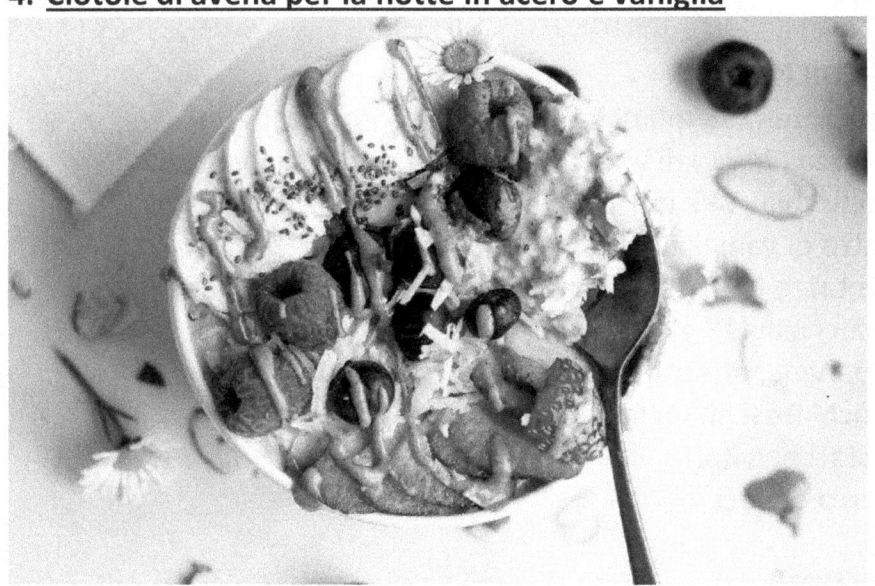

Serve 4

**INGREDIENTI**
- 1½ tazze (355 ml) di latte (da latte o non caseario)
- 1 tazza (240 g) di yogurt greco naturale o alla vaniglia
- 3 cucchiai (45 ml) di sciroppo d'acero 2 cucchiaini (10 ml) di estratto di vaniglia
- 1½ tazze (120 g) di avena vecchio stile
- 3 cucchiai (18 g) di semi di chia
- 1 banana, affettata
- 4 fichi freschi, tagliati in quattro
- Pistacchi tritati
- Burro di noci

**ISTRUZIONI**
a) Sbatti insieme il latte, lo yogurt, lo sciroppo d'acero e la vaniglia in una ciotola capiente. Aggiungere l'avena e i semi di chia; mescolare per unire. Coprire e conservare in frigorifero durante la notte.
b) Per servire, mescolare insieme il composto di avena e dividerlo nelle ciotole.
c) Completare con banana, fichi e pistacchi. Condire con burro di noci.

## 5. Ciotole Tabbouleh per la colazione al melograno e Freekeh

Serve 4

**INGREDIENTI**
- ¾ tazza (125 g) di freekeh spezzato
- 2 tazze (470 ml) di acqua
- Sale marino fine e pepe nero appena macinato
- 1 mela croccante, privata del torsolo e tagliata a dadini, divisa
- 1 tazza (120 g) di chicchi di melograno
- ½ tazza (24 g) di menta fresca tritata
- 1 cucchiaio (15 ml) di olio extravergine di oliva
- 1 cucchiaio e mezzo (23 ml) di acqua di fiori d'arancio
- 2 tazze (480 g) di yogurt greco naturale
- Mandorle tostate non salate, tritate

**ISTRUZIONI**

a) Unire il freekeh, l'acqua e un pizzico di sale in una casseruola media. Portare a ebollizione, quindi abbassare la fiamma al minimo e cuocere a fuoco lento per 15 minuti, mescolando di tanto in tanto, fino a quando tutto il liquido è stato assorbito e il freekeh è tenero. Togliere dal fuoco, coprire con un coperchio e cuocere a vapore per circa 5 minuti. Trasferisci il freekeh in una ciotola e fallo raffreddare completamente.

b) Aggiungi metà della mela e del melograno, la menta, l'olio d'oliva e un paio di macinate di pepe al freekeh e mescola bene per unire.

c) Mescolare l'acqua di fiori d'arancio nello yogurt fino a quando non sarà ben amalgamato.

d) Per servire, dividi il freekeh tra le ciotole. Completare con lo yogurt profumato all'arancia, la mela rimanente e le mandorle.

## 6. Ciotole per la colazione di zucca invernale Maple-Masala

Serve 4

**INGREDIENTI**
- 2 zucchine medie
- 4 cucchiaini (20 g) di olio di cocco
- 1 cucchiaio (15 ml) di sciroppo d'acero o zucchero di canna
- 1 cucchiaino (2 g) di garam masala
- Sale marino fino
- 2 tazze (480 g) di yogurt greco naturale
- muesli
- bacche di Goji
- Arilli di melograno
- Noci pecan tritate
- Semi di zucca tostati
- Burro di noci
- Semi di canapa

**ISTRUZIONI**
a) Preriscalda il forno a 190°C (gas mark 5).
b) Tagliare la zucca a metà dal gambo verso il basso. Scavare e scartare i semi. Spennellare la polpa di ciascuna metà con olio e sciroppo d'acero, quindi cospargere con garam masala e un pizzico di sale marino. Metti la zucca su una teglia cerchiata con il lato tagliato verso il basso. Cuocere fino a quando morbido, da 35 a 40 minuti.
c) Capovolgere la zucca e far raffreddare leggermente.
d) Per servire, riempire ogni metà di zucca con yogurt e muesli. Completare con bacche di goji, chicchi di melograno, noci pecan e semi di zucca, condire con burro di noci e cospargere con semi di canapa.

## 7. Ciotole di porridge multicereali con spezie Chai

Serve 4

**INGREDIENTI**
- 2 tazze (470 ml) di acqua
- 3 bustine di tè chai
- ⅓ tazza (26 g) di avena tagliata in acciaio
- ⅓ tazza (55 g) di orzo perlato ⅓ tazza (60 g) di quinoa, sciacquata
- Sale marino fino
- 1½ tazze (355 ml) di latte (da latte o non caseario)
- 3 cucchiai (60 g) di miele, sciroppo d'acero o agave
- 1 cucchiaino (5 ml) di estratto di vaniglia
- 1 banana, affettata
- Scaglie di cocco tostate non zuccherate
- Semi di cacao
- Pecan tostati

**ISTRUZIONI**
a) Portare l'acqua a ebollizione in una casseruola media. Togliere dal fuoco, aggiungere le bustine di tè e lasciare in infusione per 5 minuti. Rimuovi ed elimina le bustine di tè.
b) Rimettete la padella sul fuoco basso e aggiungete l'avena, l'orzo, la quinoa e un pizzico di sale. Cuocere, mescolando di tanto in tanto e raschiando il fondo della padella se necessario, fino a quando la maggior parte ma non tutta l'acqua viene assorbita, circa 15 minuti. Incorporare lentamente il latte. Continua a cuocere, mescolando di tanto in tanto, fino a quando i chicchi sono teneri e cremosi, circa 20 minuti in più. Togliere dal fuoco e aggiungere il miele, lo sciroppo d'acero o l'agave e la vaniglia.
c) Per servire, dividi il porridge nelle ciotole. Completare con banana, cocco, fave di cacao e noci pecan.

## 8. Ciotole per la colazione con patate dolci

Serve 4

**INGREDIENTI**
- 2 patate dolci grandi o 4 piccole, al forno
- ¼ di tazza (65 g) di burro di noci cremoso, più altro per condire
- 1 cucchiaio (14 g) di burro chiarificato
- ½ cucchiaino di cannella in polvere
- 1 banana, affettata
- Mirtilli freschi
- Fragole tritate
- Mandorle affettate
- Semi di canapa

**ISTRUZIONI**
a) Scaldare leggermente le patate dolci. Sbucciare e schiacciare bene con una forchetta in una ciotola capiente. Aggiungere il burro di noci, il burro chiarificato e la cannella e mescolare bene per unire.
b) Dividi la purea di patate dolci tra le ciotole. Completare con banane a fette, mirtilli, fragole, mandorle, semi di canapa e un filo extra di burro di noci.

## 9. Ciotole di avena e uova di miso a cottura lenta

Serve 4

**INGREDIENTI**
- 1 tazza (80 g) di avena tagliata in acciaio
- 4 tazze (940 ml) di brodo vegetale o di pollo
- 3 cucchiai (45 g) di miso bianco
- 1 cucchiaio (14 g) di burro non salato, più altro per ungere la pentola a cottura lenta
- 4 uova grandi
- 4 ravanelli, affettati sottilmente
- Broccoli, trifoglio o germogli di erba medica
- Semi di zucca tostati

**ISTRUZIONI**
a) Ricopri accuratamente l'inserto di una pentola a cottura lenta da 6 quarti (5,4 L) o più grande con un leggero strato di burro. Unire l'avena e il brodo nell'inserto e mescolare. Coprire e cuocere a fuoco basso per 7-8 ore.
b) Mescola ancora una volta l'avena. Sbattere il miso e il burro nell'avena. Mantieni la pentola a cottura lenta calda mentre prepari le uova.
c) Portare a ebollizione una casseruola media d'acqua a fuoco medio. Usa un cucchiaio per abbassare con cura le uova nell'acqua. Cuocere per 6 minuti, mantenendo una leggera ebollizione. Ridurre il calore se necessario. Trasferisci le uova in un bagno di ghiaccio, finché non sono abbastanza fredde da poter essere maneggiate ma ancora calde. Sbucciate le uova, e tagliate ognuna a metà.
d) Per servire, dividi l'avena nelle ciotole. Completare con un uovo, ravanello a fette, germogli e semi di zucca.

## 10. Ciotole per la colazione con semi di chia Golden Milk

Serve 4

**INGREDIENTI**
- 4 tazze (940 ml) di latte di anacardi non zuccherato
- 1 cucchiaio (14 g) di olio di cocco
- 1 cucchiaino (2 g) di curcuma macinata
- ¼ di cucchiaino di zenzero macinato
- ¼ di cucchiaino di cannella in polvere
- ¼ di cucchiaino di sale marino fine
- ⅛ cucchiaino di cardamomo macinato
- 6 date snocciolate
- 1 cucchiaino (5 ml) di estratto di vaniglia
- ¾ tazza (72 g) di semi di chia
- Mirtilli
- Fichi freschi, tagliati in quarti
- Scaglie di cocco tostate non zuccherate
- Mandorle affettate
- Semi di canapa

**ISTRUZIONI**

a) Aggiungi il latte, l'olio di cocco, la curcuma, lo zenzero, la cannella, il sale e il cardamomo in una casseruola media. Sbatti insieme e fai sobbollire a fuoco medio-basso finché non è caldo e le spezie sono ben combinate. Non portare a ebollizione. Togliere dal fuoco e raffreddare per circa 10 minuti.

b) Trasferire il latte in un frullatore insieme ai datteri e alla vaniglia. Frullare continuamente ad alta velocità fino a quando i datteri non sono completamente scomposti e il liquido è liscio. Aggiungere i semi di chia e frullare solo fino a quando combinato. Versare in una ciotola capiente, coprire e conservare in frigorifero per almeno 6 ore o durante la notte per addensare.

c) Per servire, dividi il budino di chia tra le ciotole. Completare con mirtilli, fichi freschi, scaglie di cocco, mandorle e semi di canapa.

## 11. Ciotole di papaya alla vitamina C

Serve 4

**INGREDIENTI**
- 4 cucchiai (40 g) di amaranto, divisi
- 2 piccole papaie mature (circa 1 chilo o 455 g ciascuna)
- 2 tazze (480 g) di yogurt al cocco
- 2 kiwi, sbucciati e tagliati a cubetti
- 1 pompelmo rosa grande, sbucciato e tagliato a spicchi
- 1 arancia navel grande, sbucciata e tagliata a spicchi
- Semi di canapa
- Semi di sesamo nero

**ISTRUZIONI**

a) Scaldare una casseruola alta e larga a fuoco medio-alto per diversi minuti. Controlla se la padella è abbastanza calda aggiungendo qualche granello di amaranto. Dovrebbero vibrare e scoppiare in pochi secondi. In caso contrario, riscaldare la padella per un minuto in più e riprovare. Quando la padella è abbastanza calda, aggiungi 1 cucchiaio (10 g) di amaranto. I chicchi dovrebbero iniziare a scoppiare entro pochi secondi. Coprire la pentola e agitare di tanto in tanto, fino a quando tutti i chicchi non sono scoppiati. Versa l'amaranto saltato in una ciotola e ripeti con l'amaranto rimanente, 1 cucchiaio (10 g) alla volta.

b) Tagliare le papaie a metà nel senso della lunghezza, dal gambo alla coda, quindi rimuovere ed eliminare i semi. Riempire ogni metà con amaranto scoppiato e yogurt al cocco. Completare con kiwi, pompelmo e spicchi d'arancia e cospargere con semi di canapa e semi di sesamo.

## 12. Ciotole per la colazione al pesto di spinaci e funghi

Serve 4

**INGREDIENTI**
- 3 cucchiai (45 ml) di avocado o olio extravergine di oliva, divisi
- 16 funghi cremini, tagliati in quattro
- Sale kosher e pepe appena macinato
- 8 tazze confezionate (240 g) di spinaci novelli
- 4 uova grandi
- Tagliatelle di zucchine da 8 once (225 g).
- ½ tazza (120 ml) di pesto al basilico
- 2 avocado, sbucciati, snocciolati e tagliati a dadini
- peperoncino in pezzi

**ISTRUZIONI**

a) Scalda 1 cucchiaio (15 ml) di olio in una padella capiente a fuoco medio-alto. Aggiungere i funghi e condire con sale e pepe. Cuocere, mescolando di tanto in tanto, fino a quando ben dorato, circa 5 minuti. Trasferire in un piatto e mettere da parte.

b) Scaldare un altro cucchiaio (15 ml) di olio nella stessa padella a fuoco medio. Aggiungi gli spinaci. Cuocere, rigirando di tanto in tanto, fino ad appassire, circa 2 minuti. Trasferire nel piatto con i funghi. Riscalda il restante 1 cucchiaio (15 ml) di olio nella padella e friggi le uova.

c) Condire le tagliatelle di zucchine con un cucchiaio di pesto. Per servire, dividi i noodles di zucchine tra le ciotole. Aggiungere i funghi, gli spinaci, l'uovo fritto e l'avocado. Completare con pesto extra e cospargere con scaglie di peperoncino.

## 13. Ciotole di fagioli neri e chorizo

Serve 4

**INGREDIENTI**
- 3 tazze (90 g) di spinaci novelli
- 2 cucchiai (30 ml) di avocado o olio extravergine di oliva, divisi
- 8 once (225 g) di cavolfiore riso
- Sale kosher e pepe nero appena macinato
- ¼ di tazza (4 g) di coriandolo fresco tritato finemente, più altro per guarnire
- 8 once (225 g) di chorizo messicano o
- soyrizo, involucri rimossi
- 4 uova grandi
- 1 tazza (200 g) di fagioli neri, scolati e sciacquati
- salsa
- ½ tazza (120 ml) di salsa di avocado
- Dividi gli spinaci nelle ciotole.

**ISTRUZIONI**
a) Scalda 1 cucchiaio (15 ml) di olio in una padella capiente a fuoco medio. Aggiungere il cavolfiore riso e condire con sale e pepe. Cuocere, mescolando di tanto in tanto, fino a quando il cavolfiore non viene riscaldato e leggermente ammorbidito, circa 3 minuti. Togliere dal fuoco e aggiungere il coriandolo. Dividi tra le ciotole. Pulisci la padella.
b) Scalda il rimanente 1 cucchiaio (15 ml) di olio nella stessa padella a fuoco medio. Aggiungi il chorizo. Cuocere, rompendo la carne con un cucchiaio di legno, fino a cottura ultimata e ben rosolata, da 6 a 8 minuti. Usa un cucchiaio forato per trasferire il chorizo su un piatto foderato di carta assorbente.
c) Ridurre il fuoco al minimo e friggere le uova nella stessa padella.
d) Per servire, guarnisci le ciotole con chorizo, uova, fagioli neri e salsa.
e) Condire con salsa di avocado e cospargere con coriandolo extra.

## 14. Ciotole per colazione Congee a cottura lenta

Serve 4

**INGREDIENTI**
- ¾ tazza (125 g) di riso al gelsomino
- 4 tazze (940 ml) di acqua
- 3 tazze (705 ml) di brodo vegetale o di pollo
- Zenzero fresco da 2,5 cm, sbucciato e affettato sottilmente
- Sale kosher e pepe nero appena macinato
- 3 cucchiai (45 ml) di avocado o olio extravergine di oliva, divisi
- 6 once (168 g) di funghi, preferibilmente cremini o shiitake, affettati
- 6 tazze (180 g) di spinaci novelli
- 4 uova grandi
- kimchi
- Scalogno, affettato sottilmente

**ISTRUZIONI**
a) Versa il riso, l'acqua, il brodo, lo zenzero e 1 cucchiaino (6 g) di sale in una pentola a cottura lenta da 3,2 litri o più grande e mescola. Coprire, impostare al minimo e cuocere fino a quando il riso non è scomposto e cremoso, circa 8 ore.
b) Rimuovi ed elimina lo zenzero. Mescolare, raschiando i lati e il fondo della pentola a cottura lenta. Dividi il congee tra le ciotole.
c) Scalda 1 cucchiaio (15 ml) di olio in una padella capiente a fuoco medio-alto. Aggiungere i funghi, condire con sale e pepe e rosolare finché sono teneri, circa 5 minuti. Versare sopra il congee.
d) Scalda 1 cucchiaio (15 ml) di olio nella stessa padella a fuoco medio. Aggiungere gli spinaci e cuocere, mescolando di tanto in tanto, fino a quando non saranno appassiti, circa 2 minuti. Dividi gli spinaci nelle ciotole.
e) Riscalda il restante 1 cucchiaio (15 ml) di olio nella stessa padella e friggi le uova.
f) Aggiungi le uova alle ciotole di congee e aggiungi kimchi e scalogno.

## 15. Ciotole per la colazione di grano saraceno e fagioli neri

Serve 4

## INGREDIENTI
- ¾ tazza (125 g) di grano saraceno kasha
- 1⅓ tazze (315 ml) di acqua
- ½ cucchiaio (7 g) di burro non salato
- Sale kosher e pepe nero appena macinato
- 4 tazze (520 g) di cavolo al vapore
- 1 tazza e ½ (300 g) o 1 lattina (15 once o 420 g) di fagioli neri, scolati e sciacquati
- 4 uova sode
- 2 avocado, sbucciati, snocciolati e schiacciati
- 1 ravanello di anguria, affettato sottilmente
- Feta sbriciolata
- 1 ricetta Salsa di miso e zenzero
- semi di sesamo
- Peperoncino di Aleppo

## ISTRUZIONI
a) Unire il grano saraceno, l'acqua, il burro e un generoso pizzico di sale in una casseruola media. Portare a ebollizione, quindi ridurre il fuoco al minimo, coprire e cuocere a fuoco lento finché sono teneri, da 15 a 20 minuti.
b) Per servire, dividi il grano saraceno tra le ciotole. Completare con il cavolo al vapore, i fagioli, l'uovo sodo a fette, l'avocado, il ravanello e la feta. Condire con salsa di miso e zenzero e cospargere con semi di sesamo e pepe di Aleppo.

## 16. Ciotole per la colazione di ceci strapazzati

Serve 4

**INGREDIENTI**
- 2 tazze confezionate (60 g) di spinaci novelli
- 3 cucchiai (45 ml) di avocado o olio extravergine di oliva, divisi
- 8 once (225 g) di cavolfiore riso
- Sale kosher e pepe nero appena macinato
- ½ cipolla media, a dadini
- 1 peperone rosso, privato del torsolo e tagliato a dadini 3 tazze (600 g) o 2 lattine (15 once o 420 g) di ceci, scolati e sciacquati
- 1 spicchio d'aglio, tritato
- 2 cucchiaini (4 g) di cumino macinato
- 1 cucchiaino (2 g) di coriandolo macinato
- 1 cucchiaino (2 g) di curcuma
- 2 avocado, sbucciati, snocciolati e affettati sottilmente
- 1 ricetta Salsa verde Tahini (pagina 26)

**ISTRUZIONI**
a) Dividi gli spinaci nelle ciotole.
b) Scalda 1 cucchiaio (15 ml) di olio in una padella capiente dai bordi alti a fuoco medio. Aggiungere il cavolfiore riso e condire con sale e pepe. Cuocere, mescolando di tanto in tanto, finché sono teneri, circa 3 minuti. Versare sopra gli spinaci.
c) Scalda i restanti 2 cucchiai (30 ml) di olio nella stessa padella a fuoco medio. Aggiungere la cipolla, il peperone, il sale e il pepe. Cuocere, mescolando di tanto in tanto, fino a quando morbido e fragrante, circa 5 minuti. Nel frattempo schiacciare metà dei ceci con una forchetta. Mescolare i ceci interi e schiacciati, l'aglio, il cumino, il coriandolo e la curcuma e cuocere, mescolando di tanto in tanto fino a renderli morbidi, per circa 3 minuti.
d) Per servire, guarnire gli spinaci e il cavolfiore riso con i ceci e l'avocado. Condire con salsa Tahini verde.

# PORTATA PRINCIPALE

## 17. Power Bowl di patate croccanti e salmone affumicato

Serve 4

**INGREDIENTI**
- 8 patate fingerling, dimezzate nel senso della lunghezza
- 1 cipolla rossa media, tagliata a pezzi grandi
- 2 cucchiai (30 ml) di avocado o olio extravergine di oliva, divisi
- Sale kosher e pepe nero appena macinato
- 6 tazze confezionate (180 g) di spinaci novelli
- 8 once (225 g) di salmone affumicato affettato sottilmente
- 4 uova in camicia
- ½ cetriolo inglese medio, tagliato a metà e affettato sottilmente
- 1 avocado, sbucciato, snocciolato e tagliato a dadini
- 1 ricetta Salsa allo yogurt al limone
- Aneto fresco

**ISTRUZIONI**
a) Disporre una griglia da forno a circa 15 cm sotto la griglia e impostare il forno sulla griglia. Condire le patate e la cipolla con 1 cucchiaio (15 ml) di olio, sale e pepe. Disporre in un unico strato su una teglia cerchiata. Cuocere fino a doratura e croccante attorno ai bordi, circa 8 minuti.
b) Scalda il rimanente 1 cucchiaio (15 ml) di olio in una padella capiente a fuoco medio finché non luccica. Aggiungere gli spinaci e un pizzico di sale. Cuocere, rigirando di tanto in tanto, fino ad appassire, da 2 a 3 minuti.
c) Per servire, dividi le patate, le cipolle e gli spinaci nelle ciotole.
d) Completare con salmone affumicato, un uovo in camicia, cetriolo e avocado.
e) Condire con salsa allo yogurt al limone e cospargere con aneto fresco.

## 18. Ciotole strapazzate di tofu con cavoli e cavoletti di Bruxelles

Serve 4

**INGREDIENTI**
- 2 tazze (140 g) di cavolo toscano tritato finemente
- ½ libbra (224 g) di cavoletti di Bruxelles, tagliati e sminuzzati
- 2 cucchiai e mezzo (37 ml) di avocado o olio extravergine di oliva, divisi
- Succo di ½ limone
- Sale kosher e pepe nero appena macinato
- 1 grande patata dolce, tagliata a spicchi
- ½ cucchiaino di paprika
- 14 once (392 g) di tofu extra compatto, pressato e scolato
- 3 scalogno, parti bianche e verdi, affettate sottilmente
- 2 cucchiai (6 g) di lievito alimentare
- 1 cucchiaino (2 g) di curcuma macinata
- ½ cucchiaino di aglio in polvere
- 2 avocado, sbucciati, snocciolati e affettati sottilmente
- 1 ricetta Salsa verde Tahini
- Semi di girasole

**ISTRUZIONI**

a) Preriscalda il forno a 425 ° F (220 ° C, o gas mark 7).

b) Aggiungi il cavolo e i cavoletti di Bruxelles in una ciotola capiente. Strofinare con ½ cucchiaio (7 ml) di olio e condire con il succo di limone e un pizzico di sale; accantonare.

c) Metti le fette di patate in una teglia bordata e condisci con 1 cucchiaio (15 ml) di olio, paprika, sale e pepe. Arrostire fino a quando diventa tenero e leggermente dorato, circa 20 minuti, mescolando una volta a metà. Nel frattempo preparate il tofu.

d) Aggiungi il tofu in una ciotola media e rompilo in una piccola cagliata con una forchetta o le dita. Scalda il rimanente 1 cucchiaio (15 ml) di olio in una padella capiente a fuoco medio-alto. Aggiungere gli scalogni e soffriggere fino a renderli morbidi e fragranti, circa 2 minuti. Aggiungere il tofu e saltare per 2 minuti. Aggiungere il lievito alimentare, la curcuma, l'aglio in polvere, il sale e il pepe e mescolare fino a quando non saranno ben amalgamati. Continua a cuocere fino a quando il tofu non viene riscaldato e leggermente dorato, da 4 a 5 minuti in più.

e) Per servire, dividi il cavolo e i cavoletti di Bruxelles nelle ciotole. Completare con patate dolci arrostite, tofu strapazzato e avocado, quindi condire con salsa Tahini verde e cospargere con semi di girasole.

## 19. Ciotole Niçoise Di Lenticchie E Salmone Affumicato

Serve 4

**INGREDIENTI**
- ¾ tazza (144 g) di lenticchie francesi
- Sale kosher e pepe nero appena macinato
- 8 patate fingerling, dimezzate nel senso della lunghezza
- 2 cucchiai (30 ml) di avocado o olio extravergine di oliva, divisi
- 1 scalogno, a dadini
- 6 once (168 g) di fagiolini, tagliati
- 2 tazze confezionate (40 g) di rucola
- 1 tazza (150 g) di pomodorini, dimezzati
- 8 ravanelli, tagliati in quattro
- 1 finocchio a bulbo, mondato e affettato sottilmente
- 4 uova sode, tagliate a metà
- 4 once (115 g) di salmone affumicato affettato sottilmente
- 1 ricetta Vinaigrette al vino bianco e limone

**ISTRUZIONI**

a) Preriscalda il forno a 425 ° F (220 ° C, o gas mark 7).

b) Aggiungere le lenticchie e un generoso pizzico di sale in una casseruola media e coprire con acqua per almeno 2 pollici (5 cm). Portare a ebollizione, quindi ridurre il fuoco al minimo e cuocere a fuoco lento finché sono teneri, circa 25 minuti. Scolare l'acqua in eccesso.

c) Condire le patate con 1 cucchiaio (15 ml) di olio, sale e pepe. Disporre in un unico strato su una teglia cerchiata. Arrostire finché sono teneri e leggermente dorati, circa 20 minuti. Accantonare.

d) Nel frattempo, scalda il restante 1 cucchiaio (15 ml) di olio in una padella a fuoco medio. Soffriggere lo scalogno fino a renderlo morbido, circa 3 minuti. Aggiungere i fagiolini e condire con sale e pepe. Cuocere, mescolando di tanto in tanto, fino a quando non diventa tenero, circa 5 minuti.

e) Per servire, dividere le lenticchie e la rucola nelle ciotole. Completare con patate croccanti, fagiolini, pomodori, ravanelli, finocchi, uova e salmone affumicato. Irrorare con la vinaigrette al vino bianco e limone.

## 20. Ciotole di mandorle, quinoa e salmone

Serve 4

## INGREDIENTI

- 1 tazza (175 g) di quinoa, sciacquata
- 2 tazze (470 ml) di acqua
- Sale kosher e pepe nero appena macinato
- 2 cucchiai e mezzo (37 ml) di avocado o olio extravergine di oliva, diviso ¼ di tazza (36 g) di mandorle tostate tritate, più altro per guarnire
- 4 filetti di salmone (da 4 a 6 once, da 115 a 168 g).
- 12 mazzi di broccolini
- 2 barbabietole grandi, sbucciate e affettate sottilmente
- 2 tazze (40 g) di rucola
- ¾ tazza (180 ml) di peperone rosso arrostito
- Salsa

## ISTRUZIONI

a) Unire la quinoa, l'acqua e un generoso pizzico di sale in una casseruola media. Portare a ebollizione, quindi ridurre il fuoco a fuoco lento e cuocere, scoperto, finché sono teneri, per circa 15 minuti. Togliere dal fuoco, coprire con un coperchio e cuocere a vapore per circa 5 minuti. Sgrana la quinoa con una forchetta, quindi aggiungi ½ cucchiaio (7 ml) di olio e le mandorle.

b) Disporre una griglia da forno a circa 6 pollici (15 cm) sotto la caldaia e impostare il forno sulla griglia.

c) Disporre il salmone su un lato di una teglia cerchiata, con la pelle rivolta verso il basso. Spennellare leggermente con 1 cucchiaio (15 ml) di olio e condire con sale e pepe. Condisci i broccolini con il restante 1 cucchiaio (15 ml) di olio, sale e pepe. Distribuire i broccolini in un unico strato sull'altro lato della teglia. Cuocere alla griglia fino a quando il salmone è cotto e si sfalda facilmente, da 6 a 8 minuti, a seconda dello spessore.

d) Per servire, dividi la quinoa nelle ciotole. Completare con salmone, broc-colini, barbabietole e rucola. Condire con salsa di peperoni rossi arrostiti e cospargere di mandorle.

## 21. Salmone affumicato e ciotole di noodle soba

Serve 4

**INGREDIENTI**
- 4 cucchiai (60 ml) di tamari
- 1 cucchiaio (15 ml) di aceto di riso
- 1 cucchiaio (6 g) di zenzero fresco grattugiato
- 1 cucchiaino (5 ml) di olio di sesamo tostato
- ½ cucchiaino di miele
- 6 once (168 g) di soba di grano saraceno secco
- tagliatelle
- 1 tazza (120 g) di edamame sgusciato
- 4 once (115 g) di salmone affumicato affettato sottilmente
- 1 cetriolo medio senza semi, sbucciato e tagliato a julienne
- 1 avocado, sbucciato, snocciolato e affettato sottilmente
- Nori tritato
- peperoncino in pezzi

**ISTRUZIONI**

a) Sbatti insieme il tamari, l'aceto di riso, lo zenzero, l'olio di sesamo e il miele in una piccola ciotola; accantonare.

b) Portare a ebollizione una pentola capiente di acqua salata. Cuocere i noodles di soba seguendo le istruzioni sulla confezione. Scolare le tagliatelle e sciacquare abbondantemente con acqua fredda. Mescola ancora una volta la salsa e condisci i noodles con 1 cucchiaio (15 ml) di salsa.

c) Per servire, dividi i noodles di soba nelle ciotole. Completare con edamame, salmone affumicato, cetriolo e avocado. Condire con salsa e cospargere con nori e scaglie di peperoncino.

## 22. Ciotole di salmone e miglio marocchino

Serve 4

**INGREDIENTI**
- ¾ tazza (130 g) di miglio
- 2 tazze (470 ml) di acqua
- Sale kosher e pepe nero appena macinato
- 3 cucchiai (45 ml) di avocado o olio extravergine di oliva, divisi
- ½ tazza (75 g) di ribes essiccato
- ¼ di tazza (12 g) di menta fresca tritata finemente
- ¼ di tazza (12 g) di prezzemolo fresco tritato finemente
- 3 carote medie
- 1½ cucchiaio (9 g) di harissa
- 1 cucchiaino (6 g) di miele
- 1 spicchio d'aglio, tritato
- ½ cucchiaino di cumino macinato
- ½ cucchiaino di cannella in polvere
- 4 filetti di salmone (da 4 a 6 once, da 115 a 168 g).
- ½ cetriolo inglese medio, tritato
- 2 tazze confezionate (40 g) di rucola
- 1 ricetta Salsa allo yogurt alla menta

**ISTRUZIONI**

a) Preriscalda il forno a 425 ° F (220 ° C, o gas mark 7).

b) Aggiungere il miglio in una casseruola grande e asciutta e tostare a fuoco medio fino a doratura, da 4 a 5 minuti. Aggiungere l'acqua e un generoso pizzico di sale. L'acqua scoppierà ma si stabilizzerà rapidamente. Portare ad ebollizione. Riduci il fuoco al minimo, aggiungi 1 cucchiaio (15 ml) di olio, copri e fai sobbollire finché la maggior parte dell'acqua non viene assorbita, da 15 a 20 minuti. Togliere dal fuoco e cuocere a vapore nella pentola per 5 minuti. Una volta raffreddato, aggiungere il ribes, la menta e il prezzemolo.

c) Nel frattempo sbucciate e affettate le carote a rondelle spesse 1,3 cm. Sbatti insieme 1 cucchiaio e mezzo (23 ml) di olio, harissa, miele, aglio, sale e pepe in una ciotola media. Aggiungere le carote e mescolare per unire. Stendere in uno strato uniforme su un lato di una teglia bordata foderata di pergamena. Arrostire le carote per 12 minuti.

d) Sbatti insieme il restante ½ cucchiaio (7 ml) di olio, cumino, cannella e ½ cucchiaino di sale in una piccola ciotola. Spennellare i filetti di salmone. Rimuovere la teglia dal forno. Capovolgi le carote, quindi disponi il salmone sull'altro lato. Arrostire fino a quando il salmone è cotto e si sfalda facilmente, da 8 a 12 minuti a seconda dello spessore.

e) Per servire, dividi il miglio alle erbe nelle ciotole. Completare con un filetto di salmone, carote arrostite, cetriolo e rucola e condire con salsa allo yogurt alla menta.

## 23. Ciotole di agrumi e salmone agrodolci

Serve 4
**INGREDIENTI**
- Succo di 1 arancia navel
- 3 cucchiai (45 ml) di aceto di riso
- 2 cucchiaini (10 ml) di olio di sesamo tostato
- 2 cucchiaini (12 g) di miele
- Sale marino kosher e pepe nero appena macinato
- 1 tazza (165 g) di farro perlato
- 2½ tazze (590 ml) di acqua
- 4 filetti di salmone (da 4 a 6 once o da 115 a 168 g).
- 2 cucchiai (30 ml) di avocado o olio extravergine di oliva, divisi
- 1 libbra (455 g) di cavoletti di Bruxelles, tagliati e tagliati a metà
- ½ radicchio a cespo medio, tritato finemente
- 1 bulbo di finocchio, mondato e affettato sottilmente
- 2 arance sbucciate e spezzettate, preferibilmente CaraCara o arance rosse
- 4 scalogni, solo la parte verde, affettati sottilmente
- Pistacchi tostati, tritati

## ISTRUZIONI

a) Sbatti insieme il succo d'arancia, l'aceto, l'olio di sesamo, il miele e un pizzico di sale e pepe in una piccola ciotola; accantonare.

b) Aggiungere il farro, l'acqua e un generoso pizzico di sale in una casseruola media. Portare a ebollizione, quindi ridurre il fuoco a medio-basso, coprire e cuocere a fuoco lento fino a quando il farro è tenero con una leggera masticazione, circa 30 minuti.

c) Nel frattempo, disponi una griglia da forno 15 cm sotto la griglia e imposta il forno sulla griglia. Spennellare il salmone con 1 cucchiaio (15 ml) di olio e condire con sale e pepe. Adagiare il salmone con la pelle rivolta verso il basso su un lato di una teglia bordata con carta stagnola. Condisci i cavoletti di Bruxelles con il restante 1 cucchiaio (15 ml) di olio, sale e pepe, quindi distribuiscili in uno strato uniforme sull'altro lato della teglia. Cuocere alla griglia fino a quando il salmone è cotto e si sfalda facilmente, da 6 a 8 minuti, a seconda dello spessore.

d) Per servire, dividere il farro, i cavoletti di Bruxelles e il radicchio nelle ciotole. Completare con salmone, finocchio, spicchi d'arancia, scalogno e pistacchi. Sbattere il condimento insieme ancora una volta e condire sopra.

## 24. Ciotole di salmone Teriyaki con cavolo brasato al miso

Serve 4

**INGREDIENTI**
- ¾ tazza (125 g) di riso proibito
- 1½ tazza (355 ml) di acqua
- Sale kosher e pepe nero appena macinato
- ¼ di tazza (60 ml) di salsa di soia
- ¼ di tazza (80 g) di miele o agave
- 2 cucchiai (30 ml) di aceto di riso
- 1 cucchiaio (6 g) di zenzero fresco grattugiato
- 2 spicchi d'aglio, tritati
- 4 filetti di salmone (da 4 a 6 once, da 115 a 168 g).
- 1¼ tazze (295 ml) di brodo di pollo
- 1 cucchiaio (15 g) di pasta di miso bianca
- 2 cucchiaini (10 ml) di mirin
- 1 cucchiaio e mezzo (23 ml) di avocado o olio extravergine di oliva
- 6 tazze (420 g) di cavolo toscano tritato
- 1 tazza (120 g) di edamame sgusciato
- 2 avocado, sbucciati, snocciolati e affettati sottilmente
- 1 ricetta Salsa di miso e zenzero
- Scalogno, affettato sottilmente
- semi di sesamo

**ISTRUZIONI**

a) Unire il riso, l'acqua e un generoso pizzico di sale in una casseruola media e portare a ebollizione. Ridurre il fuoco al minimo, coprire e cuocere a fuoco lento, mescolando di tanto in tanto, fino a quando il riso è tenero, circa 30 minuti.

b) Sbatti insieme la salsa di soia, il miele o l'agave, l'aceto di riso, lo zenzero, l'aglio e un pizzico di pepe in un contenitore poco profondo abbastanza grande da contenere tutti i pezzi di salmone in un unico strato. Mettere il salmone nel piatto con la pelle rivolta verso l'alto. Coprire e conservare in frigorifero per almeno 10 minuti.

c) Nel frattempo, in una piccola ciotola, sbatti insieme il brodo di pollo, la pasta di miso e il mirin fino a quando la pasta di miso non si sarà completamente sciolta. Scaldare l'olio in una padella capiente a fuoco medio. Aggiungere il cavolo, condire con sale e pepe e cuocere per 2 minuti. Versare il composto di brodo e cuocere fino a quando il cavolo è tenero e la maggior parte del liquido viene assorbito, circa 5 minuti.

d) Disporre una griglia da forno 6 pollici (15 cm) sotto la griglia e impostare il forno per grigliare. Posizionare il salmone con la pelle rivolta verso il basso su una teglia bordata foderata di alluminio e scartare la marinata. Cuocere alla griglia fino a quando il salmone è cotto e si sfalda facilmente, da 6 a 8 minuti, a seconda dello spessore.

e) Per servire, dividi il riso nelle ciotole. Completare con cavolo, salmone, edamame e avocado. Condire con salsa di miso e zenzero e cospargere con scalogno e semi di sesamo.

## 25. Baccalà brasato al pomodoro e ciotole di orzo

Serve 4

**INGREDIENTI**

- ¾ tazza (125 g) di orzo perlato
- 2¼ tazze (530 ml) di acqua
- Sale kosher e pepe nero appena macinato
- 2 cucchiai (30 ml) di avocado o olio extravergine di oliva
- ½ cipolla rossa media, a dadini
- 2 spicchi d'aglio, tritati
- 2 cucchiaini (2 g) di origano essiccato
- 1 (14 once o 392 g) può schiacciare i pomodori
- ½ tazza (120 ml) di brodo di pollo
- ¼ di tazza (36 g) di capperi, scolati
- 4 filetti di merluzzo senza pelle (da 4 a 6 once, da 115 a 168 g)
- 3 tazze confezionate (90 g) di spinaci novelli 1 testa di broccoli, tagliata a cimette
- 1 tazza e ½ (300 g) o 1 lattina (14 once o 392 g) di fagioli bianchi, scolati e sciacquati

## ISTRUZIONI

a) Unire l'orzo, l'acqua e un pizzico di sale in una casseruola media. Portare a ebollizione, quindi coprire, ridurre il fuoco al minimo e cuocere a fuoco lento finché sono teneri, da 30 a 40 minuti.

b) Scaldare l'olio in una padella larga e larga a fuoco medio. Aggiungere la cipolla, l'aglio e l'origano. Cuocere, mescolando di tanto in tanto, fino a quando la cipolla è tenera, circa 4 minuti. Aggiungere i pomodori schiacciati, il brodo, i capperi, il sale e il pepe e mescolare per unire. Cuocere a fuoco lento la salsa fino a quando leggermente addensata, circa 4 minuti. Condire il merluzzo su entrambi i lati con sale e pepe. Aggiungi i filetti alla padella, in modo che siano parzialmente sommersi e aggiungi un po' di salsa sopra. Cuocere fino a quando i filetti sono opachi e cotti, da 6 a 8 minuti. Aggiungere gli spinaci, mescolare per unire e cuocere per 1 minuto in più.

c) Nel frattempo cuocere a vapore i broccoli.

d) Per servire, dividi l'orzo nelle ciotole. Completare con merluzzo, broccoli e fagioli bianchi. Versare la salsa rimanente e gli spinaci sopra.

## 26. Ciotole di tonno al sesamo

Serve 4

**INGREDIENTI**
- 4 cucchiai (60 ml) di salsa di soia
- 2 cucchiai (30 ml) di aceto di riso
- Succo di 1 lime
- 2 cucchiaini (12 g) di miele
- 1 cucchiaino (5 ml) di olio di sesamo tostato
- 1 cucchiaio (6 g) di zenzero fresco grattugiato finemente
- 1 tazza (165 g) di riso proibito
- 2 tazze (470 ml) di acqua
- Sale kosher e pepe nero appena macinato
- ¼ di tazza (36 g) di semi di sesamo bianco
- 2 cucchiai (18 g) di semi di sesamo nero
- 1 libbra (455 g) di tonno ahi
- 2 cucchiai (30 ml) di avocado o olio extravergine di oliva, divisi, più altro per spennellare il tonno
- 4 teste baby bok choy, rifilate e tagliate a metà nel senso della lunghezza
- 1 tazza (120 g) di edamame sgusciato
- 2 avocado, sbucciati, snocciolati e affettati sottilmente
- 1 mango, sbucciato, snocciolato e tagliato a dadini

**ISTRUZIONI**

a) Sbatti insieme la salsa di soia, l'aceto di riso, il succo di lime, il miele, l'olio di sesamo e lo zenzero in una piccola ciotola; accantonare.

b) Unire il riso, l'acqua e un generoso pizzico di sale in una casseruola media e portare a ebollizione. Ridurre il fuoco al minimo, coprire e cuocere a fuoco lento, mescolando di tanto in tanto, fino a quando il riso è tenero, circa 30 minuti.

c) Mescola i semi di sesamo bianco e nero insieme in una ciotola poco profonda o in un piatto. Spennellare leggermente il tonno con olio di avocado e condire con sale e pepe. Immergere il tonno nei semi di sesamo per ricoprire tutti i lati. Scalda 1 cucchiaio (15 ml) di olio in una padella a fuoco medio-alto fino a quando diventa molto caldo ma non fumante. Aggiungere il tonno in padella. Scottare per 2 minuti su ciascun lato. Trasferisci su un tagliere mentre prepari il bok boy, quindi taglialo a fette spesse 6 mm.

d) Scalda il rimanente 1 cucchiaio (15 ml) di olio in una padella a fuoco medio. Aggiungere il cavolo cinese e condire con sale e pepe. Cuocere, mescolando di tanto in tanto, fino a quando appassito, circa 3 minuti.

e) Per servire, dividi il riso nelle ciotole. Completare con tonno, bok choy, edamame, avocado e mango. Sbatti di nuovo il condimento e versalo a filo sulle ciotole.

**27.** **Ciotole di rotolo estivo di gamberetti**

Serve 4

**INGREDIENTI**
- 2 cucchiai (30 ml) di aceto di riso
- 2 cucchiai (30 ml) di succo di lime appena spremuto
- 1 cucchiaio (15 ml) di salsa di pesce
- 2 cucchiaini (8 g) di zucchero
- Tagliatelle di carote a spirale da 4 once (115 g).
- 1 ravanello di anguria, affettato sottilmente
- 4 once (115 g) di vermicelli di riso
- 1 cucchiaino (5 ml) di olio di sesamo
- 1 cucchiaio (15 ml) di avocado o olio extravergine di oliva
- 1 libbra (455 g) di gamberi medi, sgusciati e sgranati
- Sale kosher e pepe nero appena macinato
- 2 tazze confezionate (110 g) romaine tritato
- ½ cetriolo inglese medio, a fette
- 2 avocado, sbucciati, snocciolati e affettati sottilmente
- 1 ricetta Salsa di arachidi (pagina 24)
- Basilico fresco o menta, per guarnire

## ISTRUZIONI

a) Sbatti insieme l'aceto, il succo di lime, la salsa di pesce e lo zucchero in una ciotola media. Aggiungere le tagliatelle di carote e il ravanello e mescolare per ricoprire; accantonare

b) Cuocere gli spaghetti di riso secondo le istruzioni sulla confezione. Scolate le tagliatelle e conditele con l'olio di sesamo.

c) Scalda l'avocado o l'olio d'oliva in una padella capiente a fuoco medio-alto finché non luccica. Aggiungere i gamberi in uno strato uniforme, condire con sale e pepe e cuocere indisturbati fino a quando il fondo diventa rosa, circa 1 minuto. Capovolgi i gamberi e cuoci, mescolando di tanto in tanto, da 1 a 2 minuti in più.

d) Scolare il liquido dai ravanelli e dalle carote. Per servire, dividi gli spaghetti di riso e la romaine tra le ciotole. Completare con spirali di carote, ravanelli, gamberi, cetrioli e avocado. Condire con salsa di arachidi e guarnire con erbe fresche.

Rendilo vegetariano! Per una ciotola vegetariana, salta la salsa di pesce e scambia i gamberi con un blocco di tofu extra compatto a cubetti. Ci sono tre approcci altrettanto deliziosi che puoi adottare: tutto si riduce a una questione di preferenza: aggiungi il tofu crudo nella ciotola, raddoppia il liquido di decapaggio per marinare il tofu insieme alle carote e al ravanello o scotta rapidamente il tofu sul fornello .

## 28. Zucchine vietnamite e ciotole di gamberetti

Serve 4

**INGREDIENTI**
- ½ tazza (120 ml) di acqua
- ¼ di tazza (60 ml) di succo di lime appena spremuto
- 3 cucchiai (45 ml) di salsa di pesce
- 2 cucchiai (30 ml) di aceto di riso
- 2 cucchiai (25 g) di zucchero
- 1 cucchiaio (15 ml) di salsa di peperoncino all'aglio
- 2 spicchi d'aglio, tritati
- 1 libbra (455 g) di gamberi, sgusciati e
- sviluppato
- 1 cucchiaio (15 ml) di avocado o olio extravergine di oliva
- 16 once (455 g) di tagliatelle di zucchine 4 carote piccole, sbucciate e tagliate a listarelle
- ½ cetriolo inglese medio, a fette
- ¼ di tazza (12 g) di foglie di menta fresca ¼ di tazza (12 g) di foglie di basilico fresco
- Arachidi non salate tritate
- 1 lime, tagliato a spicchi

**ISTRUZIONI**
a) Sbatti l'acqua, il succo di lime, la salsa di pesce, l'aceto, lo zucchero, la salsa chili e l'aglio in una piccola ciotola.
b) Unire i gamberi con 2 o 3 cucchiai (30-45 ml) di condimento in una ciotola separata, mescolare per ricoprire e marinare per circa 10 minuti.
c) Scaldare l'olio in una padella capiente a fuoco alto. Aggiungi i gamberi, mescolando di tanto in tanto, fino a quando non diventano rosa, da 2 a 3 minuti. Scartare la marinata.
d) Per servire, dividi i noodles di zucchine tra le ciotole. Completare con gamberi, carote, cetrioli, menta, basilico, arachidi e uno spicchio di lime e condire con il condimento.

## 29. Ciotole di gamberi e farro al balsamico

Serve 4
**INGREDIENTI**
- 1 tazza (165 g) perlatafarro
- 2½ tazze (590 ml) di acqua
- Sale kosher e pepe appena macinato
- 2 grandecappucci di funghi portobello, tagliati a fette spesse ½ pollice (1,3 cm).
- 2 zucchine medie, tagliate a ½ pollice
- (1,3 cm) di spessore
- 1 peperone rosso, privato del torsolo e affettato sottilmente
- 3 cucchiai (45 ml) di avocado o olio extravergine di oliva, divisi
- 2 cucchiai (30 ml) di aceto balsamico
- 1 cucchiaino (6 g) di miele 2 spicchi d'aglio tritati
- 1 libbra (455 g) di gamberi, sgusciati e sgranati
- Micro verdi
- ½ tazza (120 ml) di salsa di avocado

**ISTRUZIONI**

a) Preriscalda il forno a 400 ° F (200 ° C o gas mark 6).

b) Aggiungere il farro, l'acqua e un generoso pizzico di sale in una casseruola media. Portare a ebollizione, quindi ridurre il fuoco al minimo, coprire e cuocere a fuoco lento fino a quando il farro è tenero con una leggera masticazione, circa 30 minuti.

c) Nel frattempo, condisci i funghi, le zucchine e il peperone con 2 cucchiai (30 ml) di olio, sale e pepe. Stendere in un unico strato su una teglia cerchiata. Arrostire finché sono teneri e leggermente dorati, circa 20 minuti, girando a metà.

d) Sbatti insieme l'aceto balsamico e il miele in una piccola ciotola; accantonare. Scalda il rimanente 1 cucchiaio (15 ml) di olio in una padella capiente a fuoco medio-alto. Aggiungere l'aglio e cuocere, mescolando continuamente, fino a quando non è fragrante, circa 30 secondi. Versare la miscela di balsamico e miele, aggiungere i gamberi e mescolare per ricoprire. Cuocere, mescolando di tanto in tanto, fino a quando diventa opaco e cotto, da 3 a 5 minuti.

e) Per servire, dividere il farro nelle ciotole. Completare con verdure arrostite, gamberi e micro verdure, quindi condire con salsa di avocado.

## 30. Ciotole di Freekeh con cipolle caramellate, pomodori caldi e pesce scottato

Serve 4

**INGREDIENTI**
- 1 tazza (165 g) di freekeh spezzato
- 2½ tazze (590 ml) di acqua
- Sale kosher e pepe nero appena macinato
- 2 cucchiai e mezzo (37 ml) di avocado o olio extravergine di oliva, divisi
- 1 cipolla rossa media, affettata sottilmente
- 1 pinta (300 g) di pomodorini, dimezzati
- 2 spicchi d'aglio, tritati
- ⅓ tazza (5 g) di coriandolo fresco tritato
- ½ cucchiaino di coriandolo macinato
- 4 (da 4 a 6 once, da 115 a 168 g) filetti di pesce bianco senza pelle, come la passera, la tilapia o il branzino striato
- ½ radicchio a testa piccola, tritato finemente
- 2 avocado, sbucciati, snocciolati e tagliati a dadini
- 1 ricetta Salsa tahin al limone
- dukkah

**ISTRUZIONI**

a) Unire il freekeh, l'acqua e un generoso pizzico di sale in una casseruola media. Portare a ebollizione, quindi abbassare la fiamma al minimo e cuocere a fuoco lento per 15 minuti, mescolando di tanto in tanto, fino a quando tutto il liquido è stato assorbito e il freekeh è tenero. Togliere dal fuoco, coprire con un coperchio e cuocere a vapore per circa 5 minuti.

b) Nel frattempo, scalda 1 cucchiaio e mezzo (23 ml) di olio in una padella capiente a fuoco medio. Aggiungere la cipolla e cuocere, mescolando di tanto in tanto, fino a renderla morbida, circa 8 minuti. Mescolare i pomodori e l'aglio e condire con un pizzico di sale e pepe. Cuocere, mescolando di tanto in tanto, fino a quando i pomodori si ammorbidiscono e scoppiano, circa 10 minuti. Togli la padella dal fuoco e aggiungi il coriandolo.

c) Scalda il rimanente 1 cucchiaio (15 ml) di olio in un'ampia padella a fuoco medio-alto finché non luccica. Asciugare completamente il pesce con salviette di carta e condire su entrambi i lati con coriandolo, sale e pepe. Aggiungi il pesce nella padella e scottalo per 2-3 minuti per lato.

d) Per servire, dividere il freekeh e il radicchio nelle ciotole. Completare con un filetto di pesce, cipolle e pomodori caramellati e avocado. Condire con la salsa Tahini al limone e cospargere con la dukkah.

## 31. Ciotole di salmone superfood

Serve 4

**INGREDIENTI**

- 1 patata dolce grande, sbucciata e tagliata a rondelle spesse ½ pollice (1,3 cm)
- 1 cucchiaio (15 ml) di avocado o olio extravergine di oliva, più altro per il salmone
- Sale kosher e pepe nero appena macinato
- 4 filetti di salmone (da 4 a 6 once, da 115 a 168 g).
- 1 tazza (175 g) di quinoa, sciacquata
- 2 tazze (470 ml) di acqua
- 2 tazze confezionate (140 g) tritate finemente
- cavolo toscano
- 2 cucchiaini (10 ml) di aceto di mele
- 2 barbabietole grandi, sbucciate e sminuzzate
- 2 avocado, sbucciati, snocciolati e affettati sottilmente
- 1 tazza (50 g) di germogli di girasole
- Noci tostate
- 1 ricetta Salsa tahin al limone

**ISTRUZIONI**
a) Preriscalda il forno a 425 ° F (220 ° C, o gas mark 7).
b) Condire le rondelle di patate dolci con olio, sale e pepe. Disporre in un unico strato su un lato di una teglia cerchiata e arrostire per 10 minuti. Togliere la teglia dal forno e capovolgere le patate. Aggiungere il salmone alla teglia con la pelle rivolta verso il basso, spennellare leggermente con olio e condire con sale e pepe. Arrostire fino a quando il salmone è cotto e si sfalda facilmente, da 8 a 12 minuti a seconda dello spessore.
c) Nel frattempo, unire la quinoa, l'acqua e un generoso pizzico di sale in una casseruola media. Portare a ebollizione, quindi coprire, ridurre il fuoco al minimo e cuocere a fuoco lento finché sono teneri, circa 15 minuti. Togliere dal fuoco, aggiungere il cavolo e l'aceto di mele e coprire con un coperchio per cuocere a vapore per circa 5 minuti.
d) Per servire, dividi la quinoa e il cavolo nelle ciotole. Completare con salmone, patate dolci, barbabietole, avocado, germogli e noci.
e) Condire con salsa tahini al limone.

## 32. Ciotole di riso integrale con pesce scottato e chimichurri

Serve 4

**INGREDIENTI**
- 1 tazza (165 g) di riso integrale
- 2 tazze (470 ml) di acqua
- Sale kosher e pepe nero appena macinato
- 8 once (225 g) di carotine, tagliate a metà
- 2 cucchiai (30 ml) di avocado o olio extravergine di oliva, divisi
- ½ cucchiaino di coriandolo macinato
- 4 (da 4 a 6 once, da 115 a 168 g) filetti di pesce bianco senza pelle, come la passera, la tilapia o il branzino striato
- 1 mazzetto di crescione, mondato
- 1 tazza (120 g) di edamame sgusciato
- 1 ricetta Salsa Chimichurri
- Mandorle affettate

**ISTRUZIONI**
a) Preriscalda il forno a 400 ° F (200 ° C o gas mark 6).
b) Aggiungere il riso, l'acqua e un generoso pizzico di sale in una casseruola media e portare a ebollizione. Ridurre il fuoco al minimo, coprire e cuocere fino a quando il riso è tenero, circa 40 minuti. Togliere dal fuoco e cuocere a vapore il riso con il coperchio per 10 minuti.
c) Condire le carote con 1 cucchiaio (15 ml) di olio, coriandolo, sale e pepe. Distribuire in un unico strato su una teglia cerchiata e arrostire finché sono teneri, circa 15 minuti.
d) Nel frattempo, scalda il restante 1 cucchiaio (15 ml) di olio in un'ampia padella a fuoco medio-alto finché non luccica. Asciugare completamente il pesce con salviette di carta e condire su entrambi i lati con sale e pepe. Aggiungi il pesce nella padella e scottalo per 2-3 minuti per lato.
e) Per servire, dividi il riso e il crescione nelle ciotole. Completare con pesce, carote arrostite ed edamame. Condire con la salsa Chimichurri e cospargere con le mandorle a lamelle.

## 33. Ciotole Di Noodle Soba Di Arachidi Allo Zenzero

Serve 4

**INGREDIENTI**
- 3 tazze (705 ml) di brodo di pollo
- 2 cucchiai (12 g) di zenzero fresco tritato
- 8 once (225 g) di soba di grano saraceno
- ¼ di tazza (65 g) di burro di arachidi liscio
- 3 cucchiai (45 ml) di avocado o olio extravergine di oliva, divisi
- 2 petti di pollo disossati e senza pelle, pestati a 1,3 cm di spessore
- Sale kosher e pepe nero appena macinato
- 4 once (115 g) di funghi shiitake, affettati
- 2 spicchi d'aglio, tritati
- 4 teste baby bok choy, rifilate e tagliate a metà nel senso della lunghezza
- ¼ di cucchiaino di scaglie di peperoncino
- ½ tazza (55 g) di carote tritate
- semi di sesamo

## ISTRUZIONI

a) Unire il brodo e lo zenzero in una casseruola media e cuocere a fuoco lento per 15 minuti. Aggiungere i noodles di soba e cuocere secondo le istruzioni sulla confezione. Scolare le tagliatelle e riservare il brodo. Mescolare il burro di arachidi nel brodo rimanente fino a quando ben combinato; accantonare.

b) Nel frattempo, scalda 1 cucchiaio (15 ml) di olio in una padella capiente a fuoco medio-alto. Condire generosamente il pollo con sale e pepe su entrambi i lati. Aggiungere il pollo nella padella e cuocere, indisturbato, fino a quando il fondo è ben dorato, circa 5 minuti. Gira il pollo. Scottare l'altro lato fino a quando non sarà ben dorato e cotto, altri 4-5 minuti. Trasferisci il pollo su un tagliere e mettilo da parte.

c) Aggiungi un altro cucchiaio (15 ml) di olio nella padella, insieme ai funghi, sale e pepe. Cuocere, mescolando di tanto in tanto, fino a renderlo morbido. Mescolare l'aglio e cuocere per 2 minuti in più. Trasferisci i funghi in un piatto.

d) Aggiungi il restante 1 cucchiaio (15 ml) di olio nella padella insieme al bok choy, al sale e ai fiocchi di peperoncino e mescola per ricoprire. Cuocere, mescolando di tanto in tanto, fino ad appassire.

e) Tagliare il pollo a listarelle. Per servire, dividi i noodles di soba tra le ciotole e aggiungi pollo, funghi, bok choy e carote. Versare sopra la salsa di arachidi messa da parte e cospargere di semi di sesamo.

## 34. Ciotole di pollo al curry verde e quinoa

## 35. Ciotole di taco di quinoa e pollo con condimento al coriandolo e lime

Serve 4

**INGREDIENTI**
- ¼ di tazza (60 ml) di avocado o olio extravergine di oliva
- ¼ di tazza (60 ml) di succo di lime appena spremuto
- 2 cucchiai (30 ml) di aceto di riso
- 3 cucchiai (3 g) di coriandolo tritato finemente
- ½ cucchiaino di cumino macinato
- Sale kosher e pepe nero appena macinato
- ¾ tazza (130 g) di quinoa tricolore cruda, sciacquata
- 1½ tazza (355 ml) di acqua
- 1 libbra (455 g) di petto di pollo disossato e senza pelle
- 2 tazze (140 g) di cavolo rosso tritato finemente
- 1 tazza (200 g) di fagioli neri, scolati e sciacquati
- 1 peperone rosso o giallo, privato del torsolo e affettato sottilmente
- 1 tazza (150 g) di pomodorini, dimezzati
- 1 avocado, sbucciato, snocciolato e tagliato a dadini
- ½ jalapeño medio, senza semi e affettato (facoltativo)

**ISTRUZIONI**
a) Sbattere insieme l'olio, il succo di lime, l'aceto, il coriandolo, il cumino, il sale e il pepe in una piccola ciotola fino a quando non saranno emulsionati. Accantonare.
b) Unire la quinoa, l'acqua e un generoso pizzico di sale in una casseruola media. Portare a ebollizione, quindi coprire, ridurre il fuoco al minimo e cuocere a fuoco lento finché sono teneri, circa 15 minuti. Togliere dal fuoco e cuocere a vapore con il coperchio per circa 5 minuti.
c) Nel frattempo, disporre il pollo in un unico strato in una casseruola capiente. Aggiungi acqua fredda fino a coprire il pollo di circa 2,5 cm. Portare l'acqua a ebollizione a fuoco medio-alto. Ridurre il fuoco al minimo e cuocere a fuoco lento fino a quando il pollo è cotto, da 10 a 14 minuti, a seconda dello spessore.

Trasferisci il pollo su un tagliere o un piatto grande e sminuzzalo con due forchette.

d) Per servire, dividi la quinoa nelle ciotole. Completare con pollo tritato, cavolo, fagioli neri, peperone, pomodori, avocado e jalapeño (se utilizzato). Condire con il condimento al coriandolo e lime.

Consiglio di cucina! Uno dei motivi per cui amo il bracconaggio è perché è incredibilmente facile infondere al pollo così tanto sapore. Gambi di coriandolo, semi di cumino, un paio di spicchi d'aglio schiacciati, persino una buccia di scorza d'arancia funzionano tutti bene qui.

## 36. Ciotole di pollo e orzo in crosta di dukkah

Serve 4

**INGREDIENTI**
- ¾ tazza (125 g) di orzo perlato
- 2¼ tazze (530 ml) di acqua
- Sale kosher e pepe nero appena macinato
- 3 finocchi medi, mondati e tagliati a pezzi grossi
- 2 cucchiai (30 ml) di avocado o olio extravergine di oliva, divisi, più altro per il pollo
- ¼ di tazza (24 g) di dukkah
- 1 libbra (455 g) di petto di pollo disossato e senza pelle
- 2 tazze confezionate (40 g) rucola
- 1 pompelmo rosa, sbucciato e segmentato
- 2 avocado, sbucciati, snocciolati e tagliati a dadini
- 1 ricetta Salsa tahin al limone
- Fronde di finocchio, per guarnire

**ISTRUZIONI**

a) Preriscalda il forno a 400 ° F (200 ° C o gas mark 6).

b) Unire l'orzo, l'acqua e un generoso pizzico di sale in una casseruola media. Portare a ebollizione, quindi coprire, ridurre il fuoco al minimo e cuocere a fuoco lento finché sono teneri, da 30 a 40 minuti.

c) Condisci il finocchio con 1 cucchiaio (15 ml) di olio, sale e pepe. Disporre in un unico strato su un lato di una teglia cerchiata. Arrostisci per 15 minuti, mentre prepari il pollo.

d) Nel frattempo, metti la dukkah in una ciotola poco profonda o su un piatto. Spennellare leggermente il pollo con olio e ricoprire con dukkah su tutti i lati. Scalda il rimanente 1 cucchiaio (15 ml) di olio in una padella capiente a fuoco medio-alto. Aggiungere il pollo e scottare fino a quando la dukkah è leggermente dorata, da 3 a 4 minuti per lato. Togliere la teglia dal forno, mescolare il finocchio e adagiare il pollo sull'altro lato. Continua a cuocere fino a quando il pollo è cotto, da 6 a 10 minuti in più, a seconda dello spessore. Fai riposare il pollo per qualche minuto, quindi affettalo.

e) Per servire, dividere l'orzo e la rucola nelle ciotole. Completare con pollo a fette, finocchio, segmenti di pompelmo e avocado. Condire con salsa Tahini al limone e guarnire con fronde di finocchio e una spolverata extra di dukkah.

Altri modi per utilizzare Dukkah

Dukkah è straordinariamente versatile. Oltre al pollo, può essere utilizzato per ricoprire qualsiasi cosa, dalle altre carni al pesce, al tofu e al tempeh. Cospargilo su una padella di verdure arrostite o mescolalo a verdure saltate sul fornello.

## 37. Ciotole di pollo Harissa

Serve 4

**INGREDIENTI**
- Petto di pollo disossato e senza pelle da 1 libbra (455 g), tagliato in 1 pollice
- (2,5 cm) cubetti
- 1 cucchiaino (2 g) di cumino macinato
- 1 cucchiaino (2 g) di coriandolo macinato
- ½ cucchiaino di cardamomo macinato
- Sale kosher e pepe nero appena macinato
- 2 zucchine medie, tagliate a rondelle spesse ½ pollice (1,3 cm).
- 3 cucchiai (45 ml) di avocado o olio extravergine di oliva, divisi
- ¾ tazza (125 g) di freekeh spezzato
- 2 tazze (470 ml) di acqua
- 1 cucchiaio (6 g) più 1 cucchiaino
- (2 g) harissa, divisa
- 2 tazze (300 g) di pomodorini
- ½ tazza (120 ml) di brodo di pollo
- 2 tazze (140 g) di bietola svizzera tritata 1 finocchio a bulbo medio, mondato e affettato sottilmente
- 1½ tazza (300 g) o 1 lattina (15 once o 420 g) di ceci, scolati e sciacquati
- 1 ricetta Salsa cremosa di feta alla menta

**ISTRUZIONI**
a) Preriscalda il forno a 400 ° F (200 ° C o gas mark 6).
b) 2 Aggiungi il pollo in una ciotola capiente insieme al cumino, al coriandolo, al cardamomo, al sale e al pepe. Mescolare fino a quando il pollo è ben ricoperto; mettere da parte mentre prepari le verdure e il freekeh.
c) Condisci le zucchine con 1 cucchiaio (15 ml) di olio, sale e pepe. Stendere in un unico strato su una teglia cerchiata. Infornare per 20 minuti, girando a metà cottura.
d) Nel frattempo, unire il freekeh, l'acqua e un generoso pizzico di sale in una casseruola media. Portare a ebollizione, quindi

abbassare la fiamma al minimo, coprire e cuocere a fuoco lento per 15 minuti, mescolando di tanto in tanto, fino a quando tutto il liquido è stato assorbito e il freekeh è tenero. Togli dal fuoco e aggiungi 1 cucchiaio (15 ml) di olio e 1 cucchiaino (2 g) di harissa.

e) Riscalda il rimanente 1 cucchiaio (15 ml) di olio in una padella capiente a fuoco alto fino a quando diventa molto caldo ma non fumante. Aggiungere il pollo e scottare su tutti i lati, da 1 a 2 minuti per lato. Mescolare i pomodori e cuocere fino a quando non iniziano a scoppiare, circa 2 minuti. Aggiungi il restante 1 cucchiaio (6 g) di harissa e brodo di pollo e mescola per unire. Portare a ebollizione, quindi ridurre il fuoco al minimo e cuocere a fuoco lento per 3 minuti.

f) Per servire, dividi il freekeh e la bietola nelle ciotole. Completare con pollo e pomodori, zucchine arrostite, finocchi e ceci.

g) Condire con salsa cremosa di feta alla menta.

## 38. Calde ciotole autunnali di pollo e riso selvatico

Serve 4

**INGREDIENTI**
- ¾ tazza (125 g) di riso selvatico, sciacquato
- 3 tazze (705 ml) di acqua
- Sale kosher e pepe nero appena macinato
- 2 zucchine delicate piccole
- 1 libbra (455 g) di cavoletti di Bruxelles,
- dimezzato
- 2 cucchiai (30 ml) di avocado o olio extravergine di oliva
- Petto di pollo disossato e senza pelle da 1 libbra (455 g).
- Pezzo di zenzero da 2 pollici (5 cm), affettato sottilmente
- 2 tazze (40 g) di rucola
- 1 ricetta Salsa tahini piccante all'acero
- Semi di zucca tostati
- Arilli di melograno

## ISTRUZIONI

a) Preriscalda il forno a 425 ° F (220 ° C, o gas mark 7).

b) Unire il riso, l'acqua e un generoso pizzico di sale in una casseruola media. Portare ad ebollizione. Abbassa il fuoco per mantenere un fuoco lento, copri e cuoci fino a quando i chicchi sono teneri e alcuni si sono aperti, da 45 a 50 minuti. Scolare il liquido in eccesso, se necessario. Nel frattempo preparate le verdure arrostite e il pollo.

c) Tagliare la zucca a metà nel senso della lunghezza. Scava i semi. Taglia trasversalmente in mezzelune spesse ½ pollice (1,3 cm). Condire la zucca e i cavoletti di Bruxelles con l'olio e condire con sale e pepe. Disporre in un unico strato su una teglia cerchiata. Arrostire finché sono teneri, da 20 a 25 minuti, mescolando i cavoletti di Bruxelles e girando la zucca a metà.

d) Nel frattempo, aggiungi il pollo e lo zenzero in una grande casseruola in un unico strato e copri con acqua fredda di 2 pollici (5 cm). Portare a ebollizione, quindi ridurre il fuoco al minimo e cuocere a fuoco lento fino a quando il pollo è cotto, da 10 a 12 minuti, a seconda dello spessore. Trasferisci il pollo su un tagliere o un piatto grande e usa due forchette per sminuzzare la carne.

e) Per servire, dividi il riso nelle ciotole. Completare con pollo tritato, zucca, cavoletti di Bruxelles e rucola. Condire con salsa tahini piccante all'acero e guarnire con semi di zucca e chicchi di melograno.

## 39. Ciotole di quinoa con pollo al barbecue

Serve 4

**INGREDIENTI**
- 3 patate dolci medie, sbucciate e tagliate a rondelle spesse ½ pollice (1,3 cm)
- 1 cucchiaio (15 ml) di avocado o olio extravergine di oliva
- Sale kosher e pepe nero appena macinato
- Petto di pollo disossato e senza pelle da 1 libbra (455 g).
- ½ tazza (120 ml) di salsa barbecue, più se necessario
- ¾ tazza (130 g) di quinoa, sciacquata
- 1½ tazza (355 ml) di acqua
- 2 tazze confezionate (60 g) di spinaci novelli
- 2 avocado, sbucciati, snocciolati e tagliati a dadini
- Crauti di cavolo rosso
- ½ tazza (120 ml) di salsa ranch allo yogurt

**ISTRUZIONI**

a) Preriscalda il forno a 425 ° F (220 ° C, o gas mark 7).

b) Condire le fette di patate dolci con l'olio e condire con sale e pepe. Disporre in un unico strato su una teglia cerchiata. Arrostire per 20 minuti, girando le patate a metà cottura.

c) Aggiungi il pollo in una grande casseruola in un unico strato e copri di circa 2 pollici (5 cm) con acqua fredda. Portare a ebollizione, quindi ridurre il fuoco al minimo e cuocere a fuoco lento fino a quando il pollo è cotto, da 10 a 14 minuti, a seconda dello spessore.

d) Trasferisci il pollo su un tagliere o un piatto grande e usa due forchette per sminuzzare la carne. Scartare l'acqua e sciacquare la padella. Rimetti la carne nella padella con la salsa barbecue e mescola.

e) Unire la quinoa, l'acqua e un generoso pizzico di sale in una casseruola media. Portare a ebollizione, quindi coprire, ridurre il fuoco al minimo e cuocere a fuoco lento finché sono teneri, circa 15 minuti. Togliere dal fuoco e cuocere a vapore con il coperchio per circa 5 minuti.

f) Per servire, dividi la quinoa e gli spinaci nelle ciotole. Completare con patate dolci, pollo tagliuzzato, avocado e crauti, quindi condire con la salsa Ranch allo yogurt.

## 40. Ciotole di pollo Chimichurri

Serve 4

**INGREDIENTI**
- 4 cosce di pollo disossate e senza pelle (circa 1 libbra o 455 g)
- 1 ricetta Salsa Chimichurri (pagina 19)
- 1 tazza (165 g) di riso integrale
- 2 tazze (470 ml) di acqua
- Sale kosher e pepe nero appena macinato
- 8 peperoni piquillo
- 1 cucchiaio (15 ml) di avocado o olio extravergine di oliva
- 1 tazza e mezzo (105 g) di cavolo rosso tritato finemente
- 2 avocado, sbucciati, snocciolati e affettati sottilmente
- Semi di zucca tostati

**ISTRUZIONI**
a) Preriscalda il forno a 425 ° F (220 ° C, o gas mark 7).
b) Aggiungi il pollo in una ciotola capiente insieme a 2 cucchiai (30 ml) di salsa chimichurri. Mescola in modo che il pollo sia uniformemente ricoperto. Coprire e marinare in frigorifero per almeno 1 ora.
c) Aggiungere il riso, l'acqua e un generoso pizzico di sale in una casseruola media e portare a ebollizione. Ridurre il fuoco al minimo, coprire e cuocere fino a quando il riso è tenero, circa 40 minuti. Togliere dal fuoco e cuocere a vapore il riso con il coperchio per 10 minuti.
d) Mescolare i peperoni con l'olio, il sale e il pepe e distribuirli in uno strato uniforme su un lato di una teglia cerchiata. Rimuovere le cosce di pollo dalla marinata e aggiungerle sull'altro lato della teglia. Arrostire per 10 minuti, quindi girare i peperoni. Continua a arrostire fino a quando il pollo è cotto e i peperoni sono leggermente dorati, da 10 a 15 minuti in più.
e) Per servire, dividi il riso nelle ciotole. Completare con pollo, peperoni arrostiti, cavolo rosso e avocado. Versare sopra la restante salsa chimichurri e cospargere con i semi di zucca tostati.

## 41. Ciotole di pollo e riso al basilico e pesca

Serve 4

**INGREDIENTI**
- 1 tazza (165 g) di riso al gelsomino, sciacquato
- 2 tazze (470 ml) di acqua
- Sale kosher e pepe nero appena macinato
- 455 g di petto di pollo disossato e senza pelle, tagliato a cubetti da 3,8 cm
- 2 cucchiai (16 g) di farina per tutti gli usi
- 2 cucchiai (30 ml) di avocado o olio extravergine di oliva, divisi
- 1 cucchiaio (14 g) di burro chiarificato o non salato
- ¼ di tazza (12 g) di basilico fresco tritato
- 1 pesca, snocciolata e affettata sottilmente
- 6 tazze confezionate (180 g) di spinaci novelli
- 2 spicchi d'aglio, tritati
- ½ cetriolo inglese medio, a fette
- 1 bulbo di finocchio piccolo, mondato e affettato sottilmente
- 1 ricetta Salsa di formaggio di capra al basilico,

## ISTRUZIONI

a) Aggiungere il riso, l'acqua e un generoso pizzico di sale in una casseruola media e portare a ebollizione. Ridurre il fuoco, coprire e cuocere fino a quando il riso è tenero, circa 15 minuti. Togliere dal fuoco e cuocere a vapore il riso con il coperchio per 10 minuti.

b) Asciugare il pollo con salviette di carta. Mettere in una ciotola capiente con la farina, il sale e il pepe e mescolare per ricoprire uniformemente il pollo. Scalda 1 cucchiaio (15 ml) di olio in una padella grande e larga a fuoco alto fino a quando diventa molto caldo ma non ancora fumante. Aggiungere il pollo nella padella in un unico strato e cuocere, girando di tanto in tanto, fino a doratura su tutti i lati, circa 5 minuti in totale. Aggiungi il burro chiarificato, il basilico e la pesca a fette nella padella e cuoci per 1 minuto in più, mescolando per ricoprire il pollo.

c) Nel frattempo, in una padella a parte, scalda il restante 1 cucchiaio (15 ml) di olio a fuoco medio. Aggiungere gli spinaci, l'aglio e un pizzico di sale. Cuocere, mescolando regolarmente, fino ad appassire, da 2 a 3 minuti.

d) Per servire, dividi il riso nelle ciotole. Completare con pollo e pesche, spinaci, cetriolo e finocchio, quindi condire con salsa di formaggio di capra al basilico.

## 42. Pollo tailandese piccante e ciotole di riso integrale

Serve 4
**INGREDIENTI**
- 1 tazza (165 g) di riso integrale
- 2 tazze (470 ml) di acqua
- Sale kosher e pepe nero appena macinato
- 2 cucchiai (28 g) di olio di cocco, divisi
- 1 peperone rosso, privato del torsolo e affettato sottilmente
- Pollo macinato da 1 libbra (455 g).
- 2 spicchi d'aglio, tritati
- ½ cucchiaino di pepe di cayenna
- 2 scalogni, affettati sottilmente, divisi
- ¾ tazza (180 ml) di salsa di arachidi al curry divisa
- 2 tazze (140 g) di cavolo rosso tritato finemente
- 1 tazza (110 g) di carote tritate
- Foglie di basilico tailandese fresco tritato
- Arachidi tritate

ISTRUZIONI

a) Aggiungere il riso, l'acqua e un generoso pizzico di sale in una casseruola media e portare a ebollizione. Ridurre il fuoco al minimo, coprire e cuocere fino a quando il riso è tenero, circa 40 minuti. Togliere dal fuoco e cuocere a vapore il riso con il coperchio per 10 minuti.

b) Scalda 1 cucchiaio (14 g) di olio di cocco in una padella capiente a fuoco medio-alto. Aggiungere il peperone, condire con un pizzico di sale e pepe e cuocere, mescolando di tanto in tanto, fino a quando non si ammorbidisce, circa 4 minuti. Trasferire su un piatto.

c) Scalda il rimanente 1 cucchiaio (14 g) di olio di cocco nella padella. Aggiungere il pollo, l'aglio e il pepe di Cayenna, condire con sale e pepe e cuocere, spezzettando la carne con un cucchiaio di legno, fino a doratura e cottura, da 6 a 8 minuti. Aggiungi metà degli scalogni e 2 cucchiai (30 ml) di salsa di arachidi al curry e cuoci per 1 minuto in più.

d) Per servire, dividi il cavolo e le carote nelle ciotole. Completare con riso integrale, pollo macinato, peperone e basilico fresco. Condire con la restante salsa di arachidi al curry e cospargere con lo scalogno e le arachidi rimanenti.

## 43. Ciotole di pollo veloce e patate dolci

Serve 4

**INGREDIENTI**
- 1 cipolla media, tritata
- Zenzero fresco da 2 pollici (5 cm), sbucciato e tagliato a metà
- 1 cucchiaio (15 ml) di avocado o olio extravergine di oliva
- 4 once (115 g) di funghi shiitake, affettati sottilmente
- 4 cotolette di pollo
- 4 tazze (940 ml) di brodo di pollo
- 2 cucchiai (30 ml) di salsa di pesce
- 1 bastoncino di cannella
- 2 anice stellato
- 3 chiodi di garofano interi
- Sale kosher e pepe nero appena macinato
- Tagliatelle di patate dolci da 16 once (455 g).
- 1 tazza (75 g) di piselli spezzati, dimezzati
- 4 ravanelli, affettati sottilmente
- 2 scalogni, affettati sottilmente
- Germogli di fagiolo
- Jalapeno affettato
- Coriandolo
- Spicchi di lime

**ISTRUZIONI**

a) Disporre una griglia da forno a circa 15 cm sotto la griglia e impostare il forno sulla griglia. Metti la cipolla e lo zenzero su una teglia cerchiata e cuocili fino a quando non saranno leggermente carbonizzati, circa 5 minuti.

b) Scaldare l'olio in una padella a fuoco medio-alto. Soffriggere i funghi finché sono teneri e leggermente scottati, circa 5 minuti; accantonare.

c) Aggiungere la cipolla, lo zenzero, il pollo, il brodo, la salsa di pesce, la cannella, l'anice stellato e i chiodi di garofano in una casseruola capiente. Portare a ebollizione, quindi ridurre il fuoco e cuocere a fuoco lento fino a quando il pollo è cotto, circa 8 minuti. Trasferire il pollo su un tagliere, raffreddare leggermente e affettare.

d) Rimuovi lo zenzero, la cannella, l'anice stellato e i chiodi di garofano dalla casseruola. Rimettete sul fuoco e condite il brodo con sale e pepe a piacere. Aggiungere le tagliatelle di patate dolci e cuocere fino a quando non sono teneri, circa 3 minuti.

e) Per servire, dividi i noodles tra le ciotole. Completare con pollo a fette, funghi, piselli, ravanello, scalogno, germogli di soia, jalapeño e coriandolo. Versare sopra il brodo e guarnire con uno spicchio di lime.

## 44. Ciotole Kofta Di Pollo

Serve 4

**INGREDIENTI**
- 1 barbabietole a grappolo, verdure separate
- 2 cucchiai (30 ml) di avocado o olio extravergine di oliva, divisi
- Sale kosher e pepe nero appena macinato
- Pollo macinato da 1 libbra (455 g).
- ½ tazza (24 g) di prezzemolo fresco tritato finemente
- ¼ di tazza (12 g) di menta fresca tritata finemente
- ¼ di tazza (40 g) di cipolla rossa tagliata finemente
- 3 spicchi d'aglio, tritati, divisi
- 1 cucchiaino (2 g) di cumino macinato
- 1 cucchiaino (2 g) di coriandolo macinato
- ¾ tazza (125 g) di bulgur
- 1½ tazza (355 ml) di acqua
- 1 cucchiaino (5 ml) di aceto di mele
- 1 ricetta Salsa allo yogurt Harissa
- (pagina 27)
- Pinoli tostati

**ISTRUZIONI**
a) Preriscalda il forno a 425 ° F (220 ° C, o gas mark 7).
b) Tritare le verdure e i gambi (da 4 a 6 tazze, o da 280 a 420 g in totale) e metterli da parte, quindi sbucciare e tagliare la barbabietola a cubetti da 2,5 cm. Condire con 1 cucchiaio (15 ml) di olio, condire con sale e pepe e disporre in un unico strato su una teglia cerchiata. Arrostire finché sono teneri, circa 30 minuti, mescolando a metà.
c) Nel frattempo, unire il pollo, le erbe aromatiche, la cipolla, 2 spicchi d'aglio, il cumino, il coriandolo, ½ cucchiaino di sale e ¼ di cucchiaino di pepe appena macinato in una ciotola capiente. Mescolare fino a quando uniformemente combinato. Preleva circa 2 cucchiai (30 g) di composto e arrotolalo tra i palmi delle mani in un ovale da 2-3 pollici (da 5 a 7,5 cm) con le estremità affusolate. Disporre a circa 2,5 cm di distanza su una teglia bordata foderata di

pergamena. Arrostire fino a quando le polpette sono cotte, circa 15 minuti.

d) Unire il bulgur, l'acqua e un generoso pizzico di sale in una casseruola media. Portare a ebollizione, quindi coprire, ridurre il fuoco al minimo e cuocere a fuoco lento finché sono teneri, da 10 a 15 minuti.

e) Suggerimento sugli ingredienti | Se hai difficoltà a trovare barbabietole con i verdi ancora attaccati, non preoccuparti. Basta scambiare un altro tipo di verdure scure, come cime di rapa, senape, cavoli o cavoli.

f) Nel frattempo, scalda il restante 1 cucchiaio (15 ml) di olio in una padella capiente a fuoco medio. Aggiungere le bietole, 1 spicchio d'aglio rimanente e un pizzico di sale e pepe. Cuocere, rigirando di tanto in tanto, fino ad appassire, circa 4 minuti. Togliere dal fuoco e aggiungere l'aceto di mele.

g) Per servire, dividi il bulgur tra le ciotole. Completare con kofta di pollo, barbabietole arrostite e foglie di barbabietola. Condire con la salsa allo yogurt Harissa e cospargere con i pinoli.

## 45. Ciotole di pollo alle erbe e ortaggi a radice

Serve 4

**INGREDIENTI**
- ½ tazza (82 g) di riso selvatico, sciacquato
- 3 tazze (705 ml) di acqua
- Sale kosher e pepe nero appena macinato
- ½ tazza (82 g) di riso integrale
- 1 patata dolce grande, sbucciata e tagliata a rondelle spesse 1,3 cm
- 4 cucchiai (60 ml) di avocado o olio extravergine di oliva, divisi
- 2 carote medie, sbucciate e tagliate a fette spesse ½ pollice (1,3 cm).
- 2 pastinache medie, sbucciate e tagliate a fette spesse ½ pollice (1,3 cm)
- 2 cucchiaini (4 g) di paprika
- 1 cucchiaio (15 ml) di aceto di mele
- 2 spicchi d'aglio, tritati
- 1 cucchiaino di timo essiccato
- 1 cucchiaino di rosmarino essiccato
- ¼ di cucchiaino di scaglie di peperoncino
- (opzionale)
- 4 cosce di pollo disossate e senza pelle
- (circa 1 libbra o 455 g)
- 2 barbabietole medie, sbucciate e tritate
- 1 ricetta Salsa piccante Tahini (pagina 26)

**ISTRUZIONI**
a) Preriscalda il forno a 425 ° F (220 ° C, o gas mark 7).
b) Unire il riso selvatico, l'acqua e un generoso pizzico di sale in una casseruola media. Portare ad ebollizione. Abbassare il fuoco per mantenere un fuoco lento, coprire e cuocere per 10 minuti. Mescolare il riso integrale e cuocere fino a quando i chicchi sono teneri e l'acqua viene assorbita, da 35 a 45 minuti in più.
c) Condire la patata dolce con 1 cucchiaio (15 ml) di olio, sale e pepe. Stendere in un unico strato su una teglia cerchiata. Condire

le carote e le pastinache con 1 cucchiaio (15 ml) di olio, paprika, sale e pepe e distribuirle in un unico strato su un lato di una teglia cerchiata separata.

d) Sbatti insieme i restanti 2 cucchiai (30 ml) di olio, aceto, aglio, timo, rosmarino, scaglie di peperoncino (se lo usi), sale e pepe in una ciotola capiente. Aggiungere le cosce di pollo e mescolare per ricoprire. Aggiungere alla teglia con le carote e le pastinache. Arrostire entrambe le padelle fino a quando il pollo è cotto e le verdure sono tenere, da 20 a 25 minuti.

e) Per servire, dividi il riso nelle ciotole. Completare con pollo, patate dolci, carote, pastinache, barbabietole tritate e salsa Tahini piccante.

## 46. Ciotole di cavoletti di Bruxelles al limone affumicato con polpette di tacchino

Serve 4

**INGREDIENTI**
- ¾ tazza (125 g) di riso selvatico, sciacquato
- 3 tazze (705 ml) di acqua
- Sale kosher e pepe nero appena macinato
- 1 libbra (455 g) di tacchino macinato ¼ di tazza (40 g) di cipolla rossa grattugiata
- 3 spicchi d'aglio, tritati, divisi
- 2 cucchiai (6 g) di prezzemolo fresco tritato finemente
- 6 once (168 g) di funghi cremini, dimezzati
- 2 cucchiai (30 ml) di avocado o olio extravergine di oliva, divisi
- ¾ libbre (340 g) di cavoletti di Bruxelles, mondati e tritati finemente
- 1 cucchiaino (2 g) di paprika affumicata
- Scorza e succo di ½ limone
- 1 barbabietola grande, sbucciata e affettata sottilmente
- 1 ricetta Capra leggera e cremosa
- Salsa Di Formaggio

**ISTRUZIONI**
a) Preriscalda il forno a 425 ° F (220 ° C, o gas mark 7).
b) Unire il riso, l'acqua e un generoso pizzico di sale in una casseruola media. Portare ad ebollizione. Abbassa il fuoco per mantenere un fuoco lento, copri e cuoci fino a quando i chicchi sono teneri e alcuni si sono aperti, da 45 a 50 minuti. Scolare il liquido in eccesso, se necessario. Nel frattempo preparate le verdure arrostite e il tacchino.
c) Aggiungi il tacchino, la cipolla, 2 spicchi d'aglio, il prezzemolo e ½ cucchiaino di sale in una ciotola capiente. Impastare con le mani fino a quando gli ingredienti non saranno ben amalgamati. Non sovraccaricare la carne. Preleva circa 1 cucchiaio e mezzo (23 g) di composto e forma una palla tra i palmi delle mani. Disporre a circa 2,5 cm di distanza su un lato di una teglia bordata foderata di pergamena.

d) Condisci i funghi con 1 cucchiaio (15 ml) di olio, sale e pepe. Stendere sull'altro lato della teglia. Arrostire fino a quando le polpette sono cotte e i funghi sono dorati, circa 15 minuti.

e) Scalda il rimanente 1 cucchiaio (15 ml) di olio in una padella capiente a fuoco medio. Aggiungere i cavoletti di Bruxelles, rimanendo 1 spicchio d'aglio, paprika, scorza di limone, sale e pepe. Mescolare per ricoprire con l'olio e cuocere fino a quando i cavoletti di Bruxelles sono croccanti e teneri, circa 5 minuti. Togliere dal fuoco e aggiungere il succo di limone.

f) Per servire, dividi il riso selvatico tra le ciotole. Completare con polpette, funghi, cavoletti di Bruxelles e barbabietole. Condire con salsa di formaggio di capra leggera e cremosa.

## 47. Ciotole saltate in padella con tacchino e cavolo con salsa di mandorle

Serve 4

**INGREDIENTI**
- ½ tazza (130 g) di burro di mandorle cremoso
- ¼ di tazza (60 ml) più 1 cucchiaio
- (15 ml) aminoacidi di cocco, divisi
- Succo di ½ lime
- ¼ di cucchiaino di scaglie di peperoncino
- Sale kosher e pepe appena macinato
- 6 once (168 g) di spaghetti di riso essiccati
- 2 grappoli broccolo
- 3 cucchiai (42 g) di olio di cocco, divisi
- 1 libbra (455 g) di tacchino macinato
- 3 spicchi d'aglio, tritati, divisi
- 2 cucchiai (12 g) di zenzero fresco tritato
- 6 tazze (420 g) di cavolo rosso tritato
- 2 zucchine medie, affettate
- semi di sesamo

**ISTRUZIONI**
a) Preriscalda il forno a 400 ° F (200 ° C o gas mark 6).
b) Aggiungi il burro di mandorle, ¼ di tazza (60 ml) di amminoacidi al cocco, il succo di lime, i fiocchi di peperoncino, il sale e il pepe in una piccola ciotola. Mescolare bene fino a quando combinato.
c) Cuocere gli spaghetti di riso secondo le istruzioni sulla confezione. Scolare, sciacquare bene e mettere da parte.
d) Mescola i broccolini con 1 cucchiaio (14 g) di olio di cocco e condisci con sale e pepe. Disporre in un unico strato su una teglia cerchiata. Arrostire per 20 minuti, mescolando una volta a metà cottura.
e) Scalda 1 cucchiaio (14 g) di olio di cocco in una padella capiente a fuoco medio-alto. Aggiungere il tacchino e condire con sale e pepe. Cuocere, rompendo la carne con un cucchiaio di legno, fino a quando non inizia a rosolare. Aggiungere 2 spicchi d'aglio e lo

zenzero e continuare la cottura fino a quando la carne è dorata e cotta. Aggiungi 2 cucchiai (30 ml) di salsa al burro di mandorle.

f) Scalda il rimanente 1 cucchiaio (14 g) di olio di cocco in una padella separata. Aggiungere il cavolo e il restante 1 spicchio d'aglio, condire con sale e pepe e cuocere, mescolando di tanto in tanto, fino a quando non diventa morbido, da 3 a 5 minuti. Mescolare il rimanente 1 cucchiaio (15 ml) di aminoacidi di cocco e cuocere fino a quando non si sarà ridotto.

g) Per servire, dividi gli spaghetti di riso nelle ciotole. Completare con tacchino, cavolo, broccolini e zucchine. Condire con la restante salsa al burro di mandorle e cospargere con semi di sesamo.

## 48. Bistecca Fajita Spaghetti Zucca Ciotole

Serve 4

**INGREDIENTI**
- 1 zucca spaghetti media (ca
- 4 libbre o 1820 g)
- 1  bistecca di fianco di libbra (455 g).
- ½ cucchiaino di cumino macinato ½ cucchiaino di paprika dolce
- Sale kosher e pepe nero appena macinato
- 2  cucchiai (30 ml) di avocado o olio extravergine di oliva, divisi
- 1  grossa cipolla gialla dolce, affettata sottilmente
- 2  peperoni, privati del torsolo e affettati sottilmente
- 2 tazze (140 g) di cavolo rosso tritato
- 1½ tazza (225 g) di pomodorini, dimezzati
- 1 tazza e ½ (300 g) o 1 lattina (15 once o 420 g) di fagioli neri, yogurt greco sgocciolato e sciacquato
- ¾ tazza (180 ml) di salsa di avocado

1    Preriscalda il forno a 400 ° F (200 ° C o gas mark 6).
2    Tagliare la zucca a metà nel senso della lunghezza, dal gambo alla coda, quindi scavare ed eliminare i semi. Metti la zucca con il lato tagliato rivolto verso il basso in una teglia e aggiungi circa 2,5 cm di acqua sul fondo. Arrostire fino a quando la zucca è tenera e i fili si separano facilmente, da 40 a 50 minuti.
3    Usa una forchetta per tirare la polpa della zucca in fili e lontano dalla buccia. Dividi tra le ciotole.
4    Nel frattempo, condisci la bistecca con cumino, paprika, sale e pepe su entrambi i lati. Scaldare ½ cucchiaio (7 ml) di olio in apadella di ghisa a fuoco medio-alto fino a quando è molto calda ma non fumante. Scottare la bistecca per 5 minuti su ciascun lato. Trasferire su un tagliere.
5    Ridurre il fuoco a medio e aggiungere il restante 1½cucchiai da tavola (23 ml) di olio nella padella. Aggiungere la cipolla, i peperoni, il sale e il pepe e cuocere, mescolando di tanto in tanto, fino a quando non diventano morbidi e leggermente dorati attorno ai bordi, circa 8 minuti.

6   Tagliare la bistecca contropelo a fettine sottili. Per servire, aggiungi il cavolo nelle ciotole con gli spaghetti alla zucca. Completare con bistecca, cipolle e peperoni, pomodori, fagioli neri, yogurt greco e salsa di avocado.

Ciotole per bistecca della dea verde estiva

Quando ho una voglia matta di bistecca, che mi impegno a mangiare con moderazione solo una o due volte al mese, raccolgo la bistecca di fianco più di qualsiasi altro taglio. È un pezzo di carne economico, con abbastanza grasso per dargli un sacco di sapore, senza conferire un morso duro e gommoso. E quando si tratta di cucinare, non ha bisogno di molto di più di una buona scottatura in una padella bollente prima che sia pronto per essere condito in questa ciotola piena di verdure fresche estive.

**ISTRUZIONI**

a) Preriscalda il forno a 400 ° F (200 ° C o gas mark 6).

b) Unire la quinoa, l'acqua e un generoso pizzico di sale in una casseruola media. Portare a ebollizione, quindi ridurre il fuoco a fuoco lento e cuocere, scoperto, finché sono teneri, per circa 15 minuti. Togliere dal fuoco, coprire con un coperchio e cuocere a vapore per circa 5 minuti.

c) Nel frattempo, condisci la zucca e le zucchine con 1 cucchiaio (15 ml) di olio, sale e pepe, quindi disponile in un unico strato su una teglia cerchiata. Arrostire finché sono teneri e leggermente dorati, circa 15 minuti, girando una volta a metà.

d) Riscalda il restante 1 cucchiaio (15 ml) di olio in una padella di ghisa a fuoco medio-alto finché non è molto caldo ma non fuma. Asciugare la bistecca con un tovagliolo di carta e condire generosamente su entrambi i lati con sale e pepe. Scottare la bistecca per 5 minuti su ciascun lato. Trasferire su un tagliere.

e) Tagliare la bistecca contropelo a fettine sottili. Per servire, dividi la rucola nelle ciotole. Completare con zucca e zucchine arrostite, quinoa, bistecca, pomodori e mais, quindi condire con

**49. <u>Condimento della dea verde avocado.</u>**

Serve 4

**INGREDIENTI**
- ¾ tazza (130 g) di quinoa, sciacquata
- 1½ tazza (355 ml) di acqua
- Sale kosher e pepe nero appena macinato
- 1 zucca gialla media, tagliata a rondelle spesse ½ pollice (1,3 cm).
- 1 zucchine medie, tagliate a rondelle spesse ½ pollice (1,3 cm).
- 2 cucchiai (30 ml) di avocado o olio extravergine di oliva, divisi
- 1 bistecca di fianco di libbra (455 g).
- 2 tazze confezionate (40 g) rucola
- 1½ tazza (225 g) di pomodorini, dimezzati
- 1 spiga di mais al vapore, i chicchi rimossi
- 1 ricetta Avocado Green Goddess
- Vestirsi

## 50. Ciotole Di Manzo E Broccoli

Serve 4

**INGREDIENTI**
- 2 cucchiai e mezzo (37 ml) di avocado o olio extravergine di oliva, divisi
- 1 libbra (455 g) di carne macinata
- Sale kosher e pepe nero appena macinato
- 1½ cucchiaio (23 ml) di aminoacidi di cocco, divisi
- ¼ di tazza (12 g) di basilico tailandese tritato
- 16 once (455 g) di broccoli con riso
- 1 grande (o 2 medie) cavolo cinese
- 2 spicchi d'aglio, tritati
- 1 tazza (40 g) di radicchio tritato
- 4 scalogni, affettati sottilmente
- kimchi
- Germogli di fagiolo
- 1 ricetta Salsa di miso e zenzero
- semi di sesamo

**ISTRUZIONI**
a) Scalda ½ cucchiaio (7 ml) di olio in una padella capiente a fuoco medio-alto. Aggiungere la carne di manzo, condire con sale e pepe e cuocere, spezzettando la carne con un cucchiaio di legno, fino a doratura e cottura, da 6 a 8 minuti. Aggiungi 1 cucchiaio (15 ml) di amminoacidi al cocco e cuoci per un minuto in più. Togliere dal fuoco e mantecare con il basilico.

b) Nel frattempo, scalda 1 cucchiaio (15 ml) di olio in una padella separata a fuoco medio. Aggiungere i broccoli in riso, sale e pepe e cuocere, mescolando di tanto in tanto, fino a quando i broccoli non saranno leggermente ammorbiditi, da 3 a 5 minuti. Dividi tra le ciotole.

c) Riscalda il restante 1 cucchiaio (15 ml) di olio nella stessa padella, aggiungi il bok choy e mescola per ricoprire. Aggiungere l'aglio e un pizzico di sale e soffriggere, mescolando di tanto in tanto, fino a quando non appassisce. Mescolare il restante ½ cucchiaio (7 ml) di aminoacidi al cocco e cuocere 1 minuto in più.

d) Per servire, aggiungere il cavolo cinese e il radicchio nelle ciotole con i broccoli. Completare con carne di manzo, scalogno, kimchi e germogli di soia, condire con salsa di miso e zenzero e cospargere con semi di sesamo.

Consiglio sugli ingredienti! I broccoli in riso non sono altro che gambi di broccoli tritati che sono stati frullati nel robot da cucina e spezzati in piccoli pezzi
"chicchi" che assomigliano al riso. Quando crei il tuo (vedi come a pag
12), impiegare qualche minuto per staccare lo strato esterno duro del gambo. Fa una grande differenza, lasciandoti con un riso ai broccoli tenero piuttosto che duro e gommoso.

## 51. Ciotole di manzo in stile coreano con tagliatelle di zucchine

Serve 4

## INGREDIENTI

- ¾ tazza (125 g) di riso integrale
- 2½ tazze (590 ml) di acqua, divise
- Sale kosher e pepe nero appena macinato
- 1 tazza (110 g) di carote tritate
- 1 tazza (235 ml) di aceto di riso
- 2 cucchiai (30 ml) di tamari
- 2 cucchiaini (12 g) di miele
- 1 cucchiaino (5 ml) di olio di sesamo tostato
- ¼ di cucchiaino di scaglie di peperoncino
- 1 libbra (455 g) di carne macinata
- 2 scalogno, affettato sottilmente
- 1 cucchiaio (15 ml) di avocado o olio extravergine di oliva
- 6 tazze confezionate (180 g) di spinaci novelli
- 2 spicchi d'aglio, tritati
- Tagliatelle di zucchine da 8 once (225 g).
- kimchi
- 1 ricetta Salsa di miso e zenzero (pagina 23)
- semi di sesamo

## ISTRUZIONI

a) Aggiungi il riso, 1 tazza e ½ (355 ml) di acqua e un generoso pizzico di sale in una casseruola media e porta ad ebollizione. Ridurre il fuoco al minimo, coprire e cuocere fino a quando il riso è tenero, circa 40 minuti. Togliere dal fuoco e cuocere a vapore il riso con il coperchio per 10 minuti.

b) Aggiungi le carote tritate in una ciotola media. Porta a ebollizione l'aceto, 1 tazza (235 ml) di acqua rimanente e 1 cucchiaino (6 g) di sale in una casseruola media, mescolando per sciogliere il sale. Versare il liquido caldo sulle carote; accantonare.

c) Sbatti insieme il tamari, il miele, l'olio di sesamo e i fiocchi di peperoncino in una piccola ciotola; accantonare.

d) Scalda una padella capiente a fuoco medio-alto. Aggiungere la carne di manzo, condire con sale e pepe e cuocere, spezzettando la carne con un cucchiaio di legno, fino a doratura e cottura, da 6 a 8 minuti. Mescolare la miscela di tamari e lo scalogno e cuocere per 1 minuto in più.

e) Nel frattempo, scaldare l'olio in una padella separata a fuoco medio. Aggiungere gli spinaci e l'aglio e condire con un pizzico di sale e pepe. Cuocere, rigirando di tanto in tanto, fino a quando non appassisce, da 2 a 3 minuti.

f) Scolare il liquido dalle carote. Per servire, dividi i noodles di riso e zucchine nelle ciotole. Completare con carne di manzo, spinaci all'aglio, carote in salamoia e kimchi. Condire con salsa di miso e zenzero e cospargere con semi di sesamo.

## 52. Ciotole di noodle al miso con manzo saltato in padella

Serve 4

**INGREDIENTI**
- 2 cucchiai (30 ml) di salsa di soia
- 1 spicchio d'aglio, tritato
- 1 cucchiaino (2 g) di zenzero fresco tritato finemente
- ½ cucchiaino di olio di sesamo tostato
- ½ cucchiaino di amido di mais
- Bistecca di controfiletto da 12 once (340 g).
- Sale kosher e pepe appena macinato
- 8 once (225 g) di soba di grano saraceno
- 3 tazze (210 g) di cavolo toscano tritato finemente
- 1 ricetta Salsa Miso Tahini (pagina 26)
- 1 cucchiaio (15 ml) di olio di avocado, più se necessario
- 2 tazze (140 g) di cavolo rosso tritato finemente
- 1 tazza (110 g) di carote tritate
- semi di sesamo
- peperoncino in pezzi

**ISTRUZIONI**

a) Mescolare la salsa di soia, l'aglio, lo zenzero, l'olio di sesamo e l'amido di mais in una ciotola o contenitore poco profondo finché l'amido di mais non si sarà sciolto. Taglia la bistecca trasversalmente, contropelo, in strisce spesse 6 mm. Aggiungere alla ciotola e mescolare per ricoprire. Marinare per almeno 10 minuti.

b) Portare a ebollizione una pentola capiente di acqua salata. Aggiungere i noodles di soba e cuocere secondo le istruzioni sulla confezione. Negli ultimi 2 minuti di cottura, aggiungi il cavolo e mescola per unire. Scolare le tagliatelle e il cavolo e sciacquare bene con acqua fredda. Mescolare con 2 cucchiai (30 ml) di salsa Miso Tahini.

c) Riscaldare l'olio di avocado in una padella capiente o wok a fuoco vivo fino a quando non è molto caldo ma non ancora fumante. Aggiungi la carne alla padella in un unico strato, lavorando in lotti se necessario. Cuocere indisturbato fino a quando la carne inizia a rosolare, da 1 a 2 minuti. Mescolare la carne e saltare in padella per circa 30 secondi. Trasferire in un piatto e ripetere con il resto della carne.

d) Per servire, dividi i noodles di soba e il cavolo nelle ciotole. Completare con manzo saltato in padella, cavolo e carote. Condire con salsa di miso tahini e cospargere con semi di sesamo e scaglie di peperoncino.

## 53. Ciotole Di Manzo Allo Zenzero

Serve 4

**INGREDIENTI**

- 2 cucchiai (30 ml) di salsa di soia
- 1 cucchiaino (5 ml) di olio di sesamo
- 1 spicchio d'aglio, tritato
- 1 cucchiaino (2 g) di zenzero fresco tritato finemente
- Bistecca di fianco da 1 libbra (455 g).
- 6 once (168 g) di vermicelli di riso
- Sale kosher e pepe nero appena macinato
- 2 cucchiai (30 ml) di avocado o olio extravergine di oliva, divisi
- 4 teste baby bok choy, rifilate
- 4 once (115 g) di funghi shiitake, senza gambo e affettati sottilmente
- 1 tazza (75 g) di taccole
- 1 ravanello di anguria, sbucciato e affettato sottilmente
- ¾ tazza (180 ml) di salsa di arachidi (pagina 24)
- semi di sesamo

**ISTRUZIONI**

a) Sbatti insieme la salsa di soia, l'olio di sesamo, l'aglio e lo zenzero in un contenitore poco profondo. Aggiungere la bistecca e marinare per almeno 30 minuti.

b) Cuocere gli spaghetti di riso secondo le istruzioni sulla confezione. Scolare e mettere da parte.

c) Rimuovere la bistecca dalla marinata e scartare il liquido. Condisci la bistecca con sale e pepe. Scalda 1 cucchiaio (15 ml) di olio in una padella di ghisa a fuoco medio-alto fino a quando diventa molto caldo ma non fumante. Scottare la bistecca per 5 minuti su ciascun lato. Trasferire su un tagliere.

d) Scalda il rimanente 1 cucchiaio (15 ml) di olio nella stessa padella a fuoco medio. Aggiungere il cavolo cinese e i funghi, condire con un pizzico di sale e cuocere fino a quando le verdure non sono appena appassite e i funghi sono morbidi, circa 3 minuti.

e) Tagliare la bistecca contropelo a fettine sottili. Per servire, dividi gli spaghetti di riso, la bistecca, il bok choy e i funghi, le taccole e il ravanello tra le ciotole. Condire con salsa di arachidi e cospargere con semi di sesamo.

## 54. Ciotole di peperoncino invernale con manzo, fagioli e verdure

Serve 4

**INGREDIENTI**
- ¾ tazza (130 g) di quinoa tricolore, sciacquata
- 1½ tazza (355 ml) di acqua
- Sale kosher e pepe nero appena macinato
- ½ libbra (228 g) di carne macinata
- 1 (14 once o 392 g) può pomodori a dadini arrostiti al fuoco
- 1 tazza (200 g) di fagioli rossi, scolati e sciacquati
- 2 cucchiai (12 g) di peperoncino in polvere
- 1 cucchiaino (2 g) di cumino macinato
- ¼ di cucchiaino di pepe di cayenna
- 2 tazze colme (140 g) di cavolo tritato
- 2 avocado, sbucciati, snocciolati e sottilmente
- affettato
- 4 ravanelli, affettati sottilmente
- 2 scalogni, affettati sottilmente
- yogurt greco

**ISTRUZIONI**
a) Unire la quinoa, l'acqua e un generoso pizzico di sale in una casseruola media. Portare a ebollizione, quindi coprire, ridurre il fuoco al minimo e cuocere a fuoco lento finché sono teneri, circa 15 minuti. Togliere dal fuoco e cuocere a vapore con il coperchio per circa 5 minuti.
b) Scalda una padella capiente a fuoco medio-alto. Aggiungere la carne di manzo, condire con sale e pepe e cuocere, spezzettando la carne con un cucchiaio di legno, fino a doratura e cottura, da 6 a 8 minuti. Aggiungere i pomodori, i fagioli, il peperoncino in polvere, il cumino e il pepe di cayenna e mescolare per unire. Cuocere fino a quando la salsa è leggermente addensata, circa 5 minuti.
c) Per servire, dividi il cavolo tra le ciotole. Completare con quinoa, manzo e fagioli, avocado, ravanelli, scalogno e yogurt greco.

## 55. **Power Bowls greche**

Serve 4

**INGREDIENTI**
- 1 tazza (165 g) di bulgur
- 2 tazze (470 ml) di acqua
- Sale kosher e pepe nero appena macinato
- 1 cucchiaio (15 ml) di avocado o olio extravergine di oliva
- ½ cipolla rossa media, a dadini
- 1 spicchio d'aglio, tritato
- ½ libbra (228 g) di agnello macinato
- 1 cucchiaino (1 g) di origano essiccato
- 1 cucchiaino (2 g) di coriandolo macinato
- ½ cucchiaino di paprika
- 1 tazza (200 g) di ceci, scolati e sciacquati
- 3 tazze (165 g) di romaine tritata o di verdure miste
- ½ cetriolo inglese, tagliato a metà e affettato
- 2 pomodorini, tritati
- ½ tazza (50 g) di olive kalamata snocciolate
- hummus
- 1 ricetta Salsa cremosa di feta

**ISTRUZIONI**

a) Unire il bulgur, l'acqua e un pizzico di sale in una casseruola media. Portare a ebollizione, quindi ridurre il fuoco al minimo, coprire e cuocere a fuoco lento fino a quando diventa tenero e tutta l'acqua è stata assorbita, da 10 a 15 minuti.

b) Scaldare l'olio in una padella media a fuoco medio. Aggiungere la cipolla e l'aglio e soffriggere fino a renderli morbidi, circa 3 minuti. Aggiungere l'agnello, condire con sale e pepe e cuocere, rompendo la carne con un cucchiaio di legno, fino a doratura e cottura, da 6 a 8 minuti. Mescolare l'origano, il coriandolo, la paprika e i ceci e cuocere, mescolando di tanto in tanto, fino a quando le spezie sono fragranti e i ceci sono riscaldati, circa 3 minuti.

c) Per servire, dividi il bulgur tra le ciotole. Completare con il composto di agnello e ceci, lattuga, cetriolo, pomodoro, olive, hummus e salsa cremosa di feta.

## 56. Ciotole di melanzane ripiene con agnello speziato

Serve 4

**INGREDIENTI**
- 2 melanzane piccole (circa 1 libbra, o 455 g ciascuna)
- 2 cucchiai (30 ml) di avocado o olio extravergine di oliva, divisi
- Sale kosher e pepe nero appena macinato
- 1 tazza (165 g) di bulgur
- 2 tazze (470 ml) di acqua
- 3 tazze confezionate (90 g) di spinaci novelli
- ¼ di tazza (12 g) di prezzemolo fresco tritato
- 1 cucchiaio (15 ml) di succo di limone appena spremuto
- 1¼ cucchiaini (3 g) di cumino macinato, diviso
- ½ cipolla media, a dadini
- 680 g di agnello macinato
- 1 cucchiaino (2 g) di cannella in polvere
- ½ cucchiaino di pimento
- 1 cucchiaio (15 g) di concentrato di pomodoro
- ½ tazza (120 ml) di brodo di pollo
- 1 ricetta Salsa cremosa di feta (pagina 20)
- Pinoli tostati

**ISTRUZIONI**
a) Preriscalda il forno a 400 ° F (200 ° C o gas mark 6).
b) Tagliare le melanzane a metà nel senso della lunghezza, dal gambo alla coda. Incidete leggermente la polpa su ciascuna metà, quindi spennellate con 1 cucchiaio (15 ml) di olio e cospargete di sale e pepe. Mettere su una teglia cerchiata, con il lato tagliato rivolto verso l'alto. Arrostire fino a renderlo morbido e tenero, da 30 a 35 minuti.
c) Nel frattempo, unire il bulgur, l'acqua e un generoso pizzico di sale in una casseruola media. Portare a ebollizione, quindi coprire, ridurre il fuoco al minimo e cuocere a fuoco lento finché sono teneri, da 10 a 15 minuti. Togliere dal fuoco e aggiungere gli spinaci, il prezzemolo, il succo di limone e ¼ di cucchiaino di cumino.

d) Scalda il rimanente 1 cucchiaio (15 ml) di olio in una padella capiente a fuoco medio. Aggiungere la cipolla e cuocere, mescolando di tanto in tanto, fino a renderla morbida, circa 3 minuti. Aggiungere l'agnello, condire con il restante 1 cucchiaino (2 g) di cumino, cannella, pimento, sale e pepe e cuocere, spezzettando la carne con un cucchiaio di legno, fino a doratura e cottura, da 6 a 8 minuti. Aggiungere il concentrato di pomodoro e mescolare fino a quando la carne è ben ricoperta. Mescolare il brodo e cuocere per 2 minuti in più.

e) Per servire, dividi il bulgur e gli spinaci nelle ciotole. Completare con melanzane e agnello. Condire con salsa cremosa di feta e cospargere di pinoli.

## 57. Ciotole Di Kebab Di Agnello

Serve 4

**INGREDIENTI**
- 4 cucchiai (60 ml) di avocado o olio extravergine di oliva, divisi
- 2 cucchiai (12 g) di prezzemolo fresco tritato
- 1 cucchiaio (6 g) di origano fresco tritato
- 1 cucchiaio (15 ml) di succo di limone appena spremuto
- 2 spicchi d'aglio, tritati
- Sale kosher e pepe nero appena macinato
- Cosciotto di agnello disossato da 1 libbra (455 g), tagliato a cubetti da 2,5 cm
- 1 cipolla rossa media, tagliata a pezzi grandi
- 2 zucchine medie, tagliate a ½ pollice
- (1,3 cm) di spessore
- ¾ tazza (130 g) di quinoa, sciacquata
- 1½ tazza (355 ml) di acqua
- 1 piccolo mazzo di crescione
- 2 pomodorini, tritati
- 1 ricetta Raita

**ISTRUZIONI**
a) Sbatti insieme 2 cucchiai (30 ml) di olio, prezzemolo, origano, succo di limone, aglio, ½ cucchiaino di sale e ¼ di cucchiaino di pepe in una ciotola media. Aggiungere l'agnello e mescolare fino a quando non sarà ben ricoperto. Coprire e marinare in frigorifero per almeno 1 ora.
b) Preriscalda il forno a 400 ° F (200 ° C o gas mark 6).
c) Condire la cipolla e le zucchine con 1 cucchiaio (15 ml) di olio e condire con sale e pepe. Disporre in un unico strato su una teglia cerchiata. Arrostire fino a quando diventa tenero e leggermente dorato attorno ai bordi, circa 20 minuti, mescolando una volta a metà.
d) Unire la quinoa, l'acqua e un generoso pizzico di sale in una casseruola media. Portare a ebollizione, quindi coprire, ridurre il fuoco al minimo e cuocere a fuoco lento finché sono teneri, circa 15

minuti. Togliere dal fuoco e cuocere a vapore con il coperchio per circa 5 minuti.

e) Nel frattempo, scalda il restante 1 cucchiaio (15 ml) di olio in una padella capiente a fuoco alto finché non è molto caldo ma non ancora fumante. Aggiungi l'agnello senza affollare la padella, lavorando in lotti se necessario. Scottare fino a quando non sarà ben dorato, da 1 a 2 minuti per lato.

f) Per servire, dividi la quinoa e il crescione nelle ciotole. Completare con agnello, cipolla rossa arrostita, zucchine arrostite e pomodori e condire con Raita.

## 58. Ciotole di polpette di agnello con tagliatelle di patate dolci

Serve 4

**INGREDIENTI**
- 1 cipolla rossa media, affettata sottilmente
- 1 tazza (235 ml) di aceto bianco
- 1 tazza (235 ml) di acqua
- Sale kosher e pepe nero appena macinato
- 1 libbra (455 g) di agnello macinato
- 3 cucchiai (21 g) di pangrattato essiccato
- 2 cucchiai (30 ml) di latte
- 2 spicchi d'aglio, tritati
- 1 cucchiaio (15 g) di concentrato di pomodoro
- 2 cucchiaini (4 g) di cumino macinato
- ½ cucchiaino di cannella in polvere
- ½ cucchiaino di origano essiccato
- 2 cucchiai (30 ml) di olio extravergine di oliva
- Tagliatelle di patate dolci da 16 once (455 g).
- 2 tazze confezionate (40 g) di rucola
- 1 ricetta Salsa verde Tahini
- Anacardi tostati tritati

**ISTRUZIONI**
a) Preriscalda il forno a 425 ° F (220 ° C, o gas mark 7).
b) Aggiungi la cipolla in una ciotola media. Porta a ebollizione l'aceto, l'acqua e 1 cucchiaino (6 g) di sale in una casseruola media, mescolando per sciogliere il sale. Versare il liquido caldo sulla cipolla affettata; accantonare.
c) Aggiungere l'agnello, il pangrattato, il latte, l'aglio, il concentrato di pomodoro, il cumino, la cannella, l'origano e ½ cucchiaino di sale in una ciotola capiente. Impastare con le mani fino a quando gli ingredienti non saranno ben amalgamati. Non sovraccaricare la carne. Preleva circa 2 cucchiai (30 g) di composto e forma una palla tra i palmi delle mani. Disporre a circa 2,5 cm di distanza su una teglia bordata foderata di pergamena. Arrostire fino a quando le polpette sono cotte, circa 15 minuti.

d) Nel frattempo, scalda l'olio in una padella capiente a fuoco medio. Aggiungere le tagliatelle di patate dolci e condire con sale e pepe. Cuocere, mescolando di tanto in tanto, finché sono teneri, da 6 a 8 minuti.

e) Per servire, scolare il liquido dalle cipolle. Dividi le tagliatelle di patate dolci tra le ciotole. Completare con polpette, rucola e cipolla rossa sott'aceto. Irrorare con la salsa Tahini verde e cospargere con gli anacardi.

## 59. Ciotole di quinoa di lenticchie con polpette di agnello Harissa

Per 4 persone (circa 16 polpette)

**INGREDIENTI**
- 3 cucchiai (45 ml) di avocado o olio extravergine di oliva, divisi
- ½ cipolla media, a dadini
- 4 spicchi d'aglio, tritati, divisi
- 3 cucchiai (45 g) di concentrato di pomodoro
- 3 cucchiaini (6 g) di cumino macinato, diviso
- 2 cucchiaini (4 g) di cannella in polvere, divisi
- ½ cucchiaino di pimento macinato
- Sale kosher e pepe nero appena macinato
- 3 tazze (705 ml) di brodo di pollo
- 3 cucchiai (21 g) di pangrattato essiccato
- 1 cucchiaio (15 ml) di latte
- 2 cucchiai (12 g) di harissa
- ¾ libbre (340 g) di agnello macinato
- 2 cucchiai (16 g) di farina per tutti gli usi
- 1 barbabietole dorate a mazzetto, sbucciate e tagliate a rondelle spesse 6 mm
- ½ testa di broccoli, tagliata a piccole cimette
- ½ tazza (80 g) di quinoa rossa, sciacquata
- ½ tazza (96 g) di lenticchie marroni
- 2 tazze (470 ml) di acqua
- 2 tazze confezionate (140 g) di bietole sminuzzate finemente
- Feta sbriciolata

**ISTRUZIONI**
a) Preriscalda il forno a 400 ° F (200 ° C o gas mark 6).

b) Scalda 1 cucchiaio (15 ml) di olio in un forno olandese a fuoco medio. Aggiungere la cipolla e cuocere, mescolando di tanto in tanto, fino a renderla morbida, circa 5 minuti. Aggiungi 2 spicchi d'aglio, concentrato di pomodoro, 1 cucchiaino (2 g) di cumino, 1 cucchiaino e mezzo (3 g) di cannella, pimento, sale e pepe e mescola per unire. Cuocere per un altro minuto quindi aggiungere il brodo.

Portare a ebollizione, abbassare la fiamma e cuocere a fuoco lento mentre si preparano le polpette.

c) Aggiungere l'aglio rimanente, il cumino e la cannella, oltre al pangrattato, il latte, l'harissa e ½ cucchiaino di sale, in una ciotola capiente. Mescolare fino a quando ben combinato. Aggiungere l'agnello e mescolare fino a quando gli ingredienti non saranno ben amalgamati. Prelevare circa 2 cucchiai (30 g) di carne e formare una palla tra i palmi delle mani. Mescolare delicatamente le polpette con la farina fino a ricoprirle, quindi aggiungere alla salsa. Coprire e cuocere a fuoco lento per 30-35 minuti.

d) Condisci le barbabietole e i broccoli con i restanti 2 cucchiai (30 ml) di olio, sale e pepe. Arrostire finché sono teneri e leggermente dorati, circa 20 minuti, lanciando una volta a metà.

e) Unire la quinoa, le lenticchie, l'acqua e un generoso pizzico di sale in una casseruola media. Portare a ebollizione, quindi coprire, ridurre il fuoco al minimo e cuocere a fuoco lento finché sono teneri, circa 20 minuti. Togliere dal fuoco, coprire con un coperchio e cuocere a vapore per circa 5 minuti.

f) Per servire, dividi la bietola svizzera nelle ciotole. Completare con la quinoa e le lenticchie, le polpette, le barbabietole e i broccoli. Versare sopra la salsa di pomodoro speziata e cospargere con il crumble di feta.

## 60. Ciotole di tabbouleh di cavolfiore con polpette di agnello

Serve 4

**INGREDIENTI**

- 1 libbra (455 g) di agnello macinato
- ½ tazza (24 g) di prezzemolo fresco tritato finemente, diviso
- 5 cucchiai (15 g) di menta fresca tritata finemente, divisa
- 1 cucchiaio (15 g) di concentrato di pomodoro
- 2 spicchi d'aglio, tritati
- 2 cucchiaini (4 g) di cumino macinato
- Sale kosher e pepe nero appena macinato
- 1 cucchiaio (15 ml) di olio extravergine di oliva
- 12 once (340 g) di cavolfiore riso
- 1 tazza colma (150 g) di pomodorini, dimezzati
- 1 cetriolo inglese medio, tagliato in quarti e tritato
- Olive Kalamata, snocciolate
- 1 ricetta Salsa tahin al limone (pagina 26)
- Sommacco

**ISTRUZIONI**

a) Preriscalda il forno a 425 ° F (220 ° C, o gas mark 7).

b) Aggiungi l'agnello, ¼ di tazza (12 g) di prezzemolo, 2 cucchiai (6 g) di menta, concentrato di pomodoro, aglio, cumino e ½ cucchiaino di sale in una ciotola capiente. Impastare con le mani fino a quando gli ingredienti non saranno ben amalgamati. Non sovraccaricare la carne. Preleva circa 2 cucchiai (30 g) di composto e forma una palla tra i palmi delle mani. Disporre a circa 2,5 cm di distanza su una teglia bordata foderata di pergamena. Arrostire fino a quando le polpette sono cotte, circa 15 minuti.

c) Nel frattempo, scalda l'olio d'oliva in una padella media a fuoco medio. Aggiungere il cavolfiore riso, condire con sale e pepe e mescolare per ricoprire con l'olio. Cuocere, mescolando di tanto in tanto, fino a quando il cavolfiore è leggermente ammorbidito, circa 3 minuti. Allontanare dal calore e lasciare raffreddare. Mescolare i restanti ¼ di tazza (12 g) di prezzemolo e i restanti 3 cucchiai (9 g) di menta.

d) Per servire, dividi il cavolfiore riso nelle ciotole. Completare con polpette di agnello, pomodori, cetrioli e olive. Condire con la salsa Tahini al limone e cospargere con il sommacco.

# 61. Ciotole di taco di agnello e cavolfiore arrosto con chimichurri

Serve 4

**INGREDIENTI**
- 8 ravanelli, affettati sottilmente
- ½ tazza (120 ml) di aceto bianco
- 2½ tazze (590 ml) di acqua, divise
- Sale kosher e pepe nero appena macinato
- ½ testa di cavolfiore, tagliata a cimette piccole (circa 3 tazze, o 400 g) 2 cucchiai (30 ml) di avocado o olio extravergine di oliva, diviso
- 1 cucchiaino (2 g) di cumino macinato 1 cucchiaino (2 g) di aglio in polvere
- ½ cucchiaino di scaglie di peperoncino
- ¾ tazza (125 g) di freekeh spezzato
- Agnello tondo superiore da 455 g, tagliato a cubetti da 2,5 cm
- 1 cucchiaino (2 g) di paprika affumicata
- 2 avocado, sbucciati, snocciolati e affettati sottilmente
- 1 ricetta Salsa Chimichurri
- Semi di zucca tostati

## ISTRUZIONI

a) Preriscalda il forno a 400 ° F (200 ° C o gas mark 6).

b) Aggiungi i ravanelli a fette in una ciotola media. Porta a ebollizione l'aceto, ½ tazza (120 ml) di acqua e ½ cucchiaino di sale in una casseruola media, mescolando per sciogliere il sale. Versare il liquido caldo sui ravanelli; accantonare. Risciacquare la casseruola.

c) Condire il cavolfiore con 1 cucchiaio (15 ml) di olio, cumino, aglio in polvere, scaglie di peperoncino, sale e pepe. Disporre in un unico strato su una teglia cerchiata. Arrostire fino a quando diventa tenero e leggermente dorato, circa 20 minuti, mescolando una volta a metà.

d) Nel frattempo, unire il freekeh, le restanti 2 tazze (470 ml) di acqua e un generoso pizzico di sale in una casseruola media. Portare a ebollizione, quindi abbassare la fiamma al minimo e cuocere a fuoco lento per 15 minuti, mescolando di tanto in tanto, fino a quando tutto il liquido è stato assorbito e il freekeh è tenero. Togliere dal fuoco, coprire con un coperchio e cuocere a vapore per circa 5 minuti.

e) Asciugare completamente l'agnello e condirlo con paprika, sale e pepe. Riscalda il restante 1 cucchiaio (15 ml) di olio in una padella capiente a fuoco alto finché non è molto caldo ma non ancora fumante. Scottare l'agnello per 2 minuti su ciascun lato.

f) Scolare il liquido dai ravanelli. Per servire, dividi il freekeh tra le ciotole. Completare con cavolfiore arrosto, agnello e avocado.

g) Condire con salsa chimichurri e cospargere con semi di zucca.

## 62. Ciotole di quinoa super verdi

Serve 4

**INGREDIENTI**
- 1 testa di broccoli, tagliata a cimette
- 2 cucchiai e mezzo (37 ml) di avocado o olio extravergine di oliva, divisi
- Sale kosher e pepe nero appena macinato
- 1 tazza (175 g) di quinoa, sciacquata
- 2 tazze (470 ml) di acqua
- 4 tazze (280 g) di cavolo toscano tritato
- 2 zucchine medie, tagliate a mezzaluna 1 tazza (120 g) di edamame sgusciato
- 2 avocado, sbucciati, snocciolati e affettati sottilmente
- 1 ricetta Salsa verde Tahini
- Semi di canapa

**ISTRUZIONI**
a) Preriscalda il forno a 400 ° F (200 ° C o gas mark 6).
b) Condire i broccoli con 2 cucchiai (30 ml) di olio, sale e pepe e mescolare per ricoprire. Disporre in un unico strato su una teglia cerchiata. Arrostire fino a quando sono teneri e leggermente dorati intorno alle cime, circa 20 minuti, mescolando una volta a metà.
c) Nel frattempo, unire la quinoa, l'acqua e un generoso pizzico di sale in una casseruola media. Portare a ebollizione, quindi coprire, ridurre il fuoco al minimo e cuocere a fuoco lento finché sono teneri, circa 15 minuti. Togliere dal fuoco e cuocere a vapore con il coperchio per circa 5 minuti.
d) Aggiungi il cavolo in una ciotola capiente, insieme al restante ½ cucchiaio da tavola (7 ml) di olio e alla quinoa cotta. Mescolare fino a quando ben combinato. Lascia riposare finché il cavolo non si ammorbidisce leggermente, circa 5 minuti.
e) Per servire, dividi la quinoa e il cavolo nelle ciotole. Completare con broccoli arrostiti, zucchine, edamame e avocado. Condire con salsa Tahini verde e cospargere con semi di canapa.

## 63. Ciotole croccanti di fagioli bianchi e pesto

Serve 4

**INGREDIENTI**
- ½ tazza (85 g) di orzo perlato
- 2 tazze (470 ml) di acqua
- Sale kosher e pepe nero appena macinato
- ½ tazza (90 g) di quinoa, sciacquata
- 1 ricetta Pesto al Basilico (pagina 21)
- 1 mazzetto di asparagi, le estremità tagliate 3 cucchiai (45 ml) di avocado o olio extravergine di oliva, diviso
- 6 tazze (420 g) di cavolo toscano tritato
- 2 spicchi d'aglio, tritati
- ¼ di cucchiaino di scaglie di peperoncino
- 1 cucchiaio (15 ml) di succo di limone appena spremuto
- 1 tazza e mezzo (300 g) o 1 lattina (15 once o 420 g) di fagioli bianchi, scolati e sciacquati
- 4 ravanelli, affettati sottilmente

**ISTRUZIONI**
a) Preriscalda il forno a 400 ° F (200 ° C o gas mark 6).
b) Unire l'orzo, l'acqua e un generoso pizzico di sale in una casseruola media. Portare a ebollizione, quindi coprire, abbassare la fiamma al minimo e cuocere a fuoco lento per 15 minuti. Mescolare la quinoa e continuare a cuocere finché sono teneri, da 15 a 20 minuti in più. Togliere dal fuoco e mantecare con un cucchiaio di pesto.
c) Condire gli asparagi con 1 cucchiaio (15 ml) di olio, sale e pepe e disporli in un unico strato su una teglia cerchiata. Arrostire finché sono teneri, circa 15 minuti, mescolando una volta a metà.
d) Nel frattempo, scalda 1 cucchiaio (15 ml) di olio in una padella capiente a fuoco medio. Aggiungere il cavolo, l'aglio, i fiocchi di peperoncino e il sale. Cuocere, rigirando di tanto in tanto, fino a quando il cavolo non è appassito, circa 5 minuti. Togliere dal fuoco e aggiungere il succo di limone. Trasferire in una ciotola separata.

e) Aggiungi il restante 1 cucchiaio (15 ml) di olio nella stessa padella e aumenta il fuoco a medio-alto. Aggiungere i fagioli, condire con sale e pepe e distribuire in un unico strato. Cuocere indisturbato fino a doratura, circa 3 minuti. Mescolare i fagioli e cuocere fino a quando leggermente dorati e pieni di vesciche, da 3 a 4 minuti in più.

f) Per servire, dividi i cereali e il cavolo nelle ciotole. Completare con asparagi, fagioli bianchi croccanti, ravanelli e pesto al basilico.

## 64. Ciotole di quinoa della dea verde con tofu croccante

Serve 4

**INGREDIENTI**
- 1 tazza (175 g) di quinoa rossa, sciacquata
- 2 tazze (470 ml) di acqua
- Sale kosher e pepe nero appena macinato
- 1 cucchiaio (14 g) di olio di cocco
- 14 once (392 g) di tofu extra compatto, pressato, scolato e tagliato a cubetti
- 1 broccolo a testa media, tagliato a cimette
- 1 ricetta Avocado Green Goddess
- Vestirsi
- 12 lance spesse di asparagi, estremità rifilate e rasate in nastri
- 6 once (168 g) di piselli spezzati, dimezzati
- Germogli di fagiolo
- Semi di canapa

**ISTRUZIONI**
a) Unire la quinoa, l'acqua e un generoso pizzico di sale in una casseruola media. Portare a ebollizione, quindi coprire, ridurre il fuoco al minimo e cuocere a fuoco lento finché sono teneri, circa 15 minuti. Togliere dal fuoco e cuocere a vapore con il coperchio per circa 5 minuti.
b) Scaldare l'olio in una padella capiente a fuoco medio-alto finché non diventa luccicante. Aggiungere il tofu, condire con sale e pepe e cuocere fino a quando il fondo è leggermente dorato e croccante, circa 2 minuti. Girare e continuare la cottura fino a quando tutti i lati sono dorati.
c) Nel frattempo cuocere a vapore i broccoli.
d) Per servire, mescolare un cucchiaio di salsa nella quinoa, quindi dividere nelle ciotole. Completare con tofu, broccoli, asparagi, piselli e germogli di soia. Irrorare con Avocado Green Goddess Dressing e cospargere con semi di canapa.

## 65. Ciotole di ceci Za'atar

Serve 4

**INGREDIENTI**
- 4 carote medie
- 3 cucchiai (45 ml) di avocado o olio extravergine di oliva, divisi
- Sale kosher e pepe nero appena macinato
- 1 tazza (175 g) di quinoa, sciacquata
- 2 tazze (470 ml) di acqua
- 2 cucchiaini (10 ml) di aceto di mele
- 6 tazze (420 g) di cavolo tritato, diviso
- ½ cipolla gialla, a dadini
- 1½ tazza (300 g) o 1 lattina (15 once o 420 g) di ceci, scolati e sciacquati
- 2 cucchiaini (4 g) di za'atar
- 1 cucchiaino (2 g) di cumino macinato
- 2 barbabietole, sbucciate e affettate sottilmente
- ¾ tazza (180 ml) di salsa allo yogurt e coriandolo
- semi di sesamo

**ISTRUZIONI**

a) Preriscalda il forno a 400 ° F (200 ° C o gas mark 6).

b) Sbucciare e tagliare le carote a fette spesse 6 mm. Mescolare con 1 cucchiaio (15 ml) di olio, sale e pepe e disporre in un unico strato su una teglia cerchiata. Arrostire finché sono teneri e dorati attorno ai bordi, circa 20 minuti, girando a metà.

c) Nel frattempo, unire la quinoa, l'acqua e un pizzico di sale in una casseruola media. Portare a ebollizione, quindi ridurre il fuoco al minimo, coprire e cuocere a fuoco lento finché sono teneri, circa 15 minuti. Togli dal fuoco, aggiungi l'aceto e 2 tazze (140 g) di cavolo e cuoci a vapore con il coperchio per circa 5 minuti.

d) Nel frattempo, scalda i restanti 2 cucchiai (30 ml) di olio in una padella capiente a fuoco medio. Aggiungere la cipolla e cuocere, mescolando di tanto in tanto, fino a renderla morbida. Mescolare i ceci, lo za'atar, il cumino, il sale e il pepe. Cuocere, mescolando di tanto in tanto, fino a quando i ceci non sono riscaldati e fragranti, circa 5 minuti.

e) Per servire, dividi la quinoa nelle ciotole. Completare con i ceci, le carote, le restanti 4 tazze (280 g) di cavolo e le barbabietole a fette. Condire con salsa allo yogurt al coriandolo e cospargere con semi di sesamo.

## Ciotole di riso integrale e pesto di cavolo

Non molto tempo fa, sono andato a Los Angeles per la prima volta. In cima alla mia lista c'era la colazione da Sqirl, dove speravo di provare il più possibile il menu. Ha superato tutte le mie aspettative e sono tornato a casa in missione per ricreare la loro famosa ciotola di riso al pesto di acetosella il prima possibile. Mentre questa ciotola inizia davvero con riso integrale ricco di noci mescolato e condito con pesto (uno che è limone e fatto con cavolo riccio), e viene condito con un uovo, è più una versione vagamente ispirata che una ricreazione esatta.

Serve 4

**INGREDIENTI**
- 1 tazza (235 ml) di aceto bianco
- 2½ tazze (590 ml) di acqua, divise
- Sale kosher e pepe nero appena macinato
- ½ tazza (80 g) di cipolla rossa affettata sottilmente
- ¾ tazza (125 g) di riso integrale
- 2 tazze (140 g) di foglie di cavolo tritate, steli rimossi
- 2 cucchiai (18 g) di pistacchi non salati
- 2 cucchiai (10 g) di pecorino grattugiato
- 1 spicchio d'aglio
- 5 cucchiai (75 ml) di olio extravergine di oliva, divisi
- 2 cucchiai (30 ml) di succo di limone appena spremuto
- 1 mazzetto di asparagi, le estremità tagliate
- 1 cavolfiore a testa piccola, tagliato a cimette
- 2 cucchiaini (4 g) di curcuma macinata
- 4 uova, in camicia

**ISTRUZIONI**
a) Preriscalda il forno a 400 ° F (200 ° C o gas mark 6).
b) Porta a ebollizione l'aceto, 1 tazza (235 ml) di acqua e 1 cucchiaino (6 g) di sale in una casseruola media, mescolando per sciogliere il sale. Versare il liquido caldo sopra la cipolla rossa in una piccola ciotola; accantonare.

c) Risciacquare la casseruola. Aggiungere il riso, i restanti 355 ml di acqua e un generoso pizzico di sale e portare a ebollizione. Ridurre il fuoco al minimo, coprire e cuocere fino a quando il riso è tenero, circa 40 minuti. Togliere dal fuoco e cuocere a vapore il riso con il coperchio per 10 minuti.

d) Metti il cavolo, i pistacchi, il formaggio, l'aglio e il sale nella ciotola di un robot da cucina o frullatore. Procedere fino a tritare finemente, circa 1 minuto. Raschiare i lati della ciotola, se necessario. Con la macchina in funzione, unisci 3 cucchiai (45 ml) di olio e succo di limone, mescolando fino a quando il pesto non appare uniforme; accantonare.

e) Condisci gli asparagi con 1 cucchiaio (15 ml) di olio, sale e pepe. Stendere in uno strato uniforme su una teglia cerchiata. Condisci il cavolfiore con il restante 1 cucchiaio (15 ml) di olio, la curcuma, il sale e il pepe. Stendere in uno strato uniforme su una teglia cerchiata separata. Arrostire fino a quando le verdure sono tenere e leggermente dorate sui bordi, circa 20 minuti, mescolando una volta a metà cottura.

f) Per servire, scolare il liquido dalle cipolle. Mescolare un cucchiaio di pesto nel riso, quindi dividere il riso nelle ciotole. Guarnire ogni ciotola con asparagi, cavolfiore, cipolle rosse in salamoia e un uovo, quindi versare sopra il pesto extra.

## 66. Ciotole Power Falafel Di Cavolfiore

Serve 4

**INGREDIENTI**
- 3 tazze o 2 lattine (15 once o 420 g) di ceci, scolati e sciacquati
- 1 piccola cipolla rossa, tritata grossolanamente
- 2 spicchi d'aglio
- 2 cucchiai (30 ml) di succo di limone appena spremuto
- ½ tazza confezionata (24 g) di foglie di prezzemolo fresco
- ½ tazza confezionata (8 g) di foglie di coriandolo fresco
- 2 cucchiaini (4 g) di cumino macinato
- 1 cucchiaino (2 g) di coriandolo macinato
- ⅛ cucchiaino di pepe di cayenna
- Sale kosher e pepe nero appena macinato
- 3 cucchiai (24 g) di farina per tutti gli usi
- 1 cucchiaino (5 g) di lievito in polvere
- 1 cucchiaio (15 ml) di avocado o olio extravergine di oliva
- 16 once (455 g) di cavolfiore riso
- 2 cucchiaini (4 g) di za'atar
- 2 tazze confezionate (40 g) di rucola
- 1 peperone rosso medio, privato del torsolo e tritato
- 2 avocado, sbucciati, snocciolati e tagliati a dadini
- Cavolo rosso o crauti di barbabietola
- hummus

**ISTRUZIONI**

a) Se usi i fagioli secchi, aggiungi i ceci in una ciotola media e copri con acqua per almeno 2,5 cm. Lasciali riposare, scoperti, a temperatura ambiente per 24 ore.

b) Preriscalda il forno a 190°C (gas mark 5).

c) Aggiungi i ceci scolati, la cipolla, l'aglio, il succo di limone, il prezzemolo, il coriandolo, il cumino, il coriandolo, il pepe di Caienna, 1 cucchiaino (6 g) di sale e ¼ di cucchiaino di pepe nella ciotola di un robot da cucina. Pulire circa 10 volte fino a quando i ceci non vengono tritati. Raschiare i lati della ciotola, aggiungere la farina e il lievito e frullare fino a quando il composto non sarà ben amalgamato.

d) Raccogli circa 2 cucchiai di composto e arrotolalo in una palla tra i palmi delle mani. Trasferire su una teglia leggermente unta e utilizzare una spatola per appiattire in un disco spesso ½ pollice (1,3 cm). Ripeti con il resto della miscela.

e) Cuocere i falafel finché non sono cotti e teneri, da 25 a 30 minuti, girandoli una volta a metà cottura.

f) Scaldare l'olio in una padella capiente a fuoco medio. Aggiungere il cavolfiore riso, za'atar, sale e pepe e mescolare per unire. Cuocere, mescolando di tanto in tanto, fino a quando il cavolfiore è leggermente ammorbidito, circa 3 minuti.

g) Per servire, dividi il riso al cavolfiore e la rucola nelle ciotole. Completare con polpette di falafel, peperone, avocado, crauti e una pallina di hummus.

## 67. Ciotole di ceci alle erbe e bulgur

Serve 4

**INGREDIENTI**
- 1½ tazza (300 g) o 1 lattina (15 once o 420 g) di ceci, scolati e sciacquati
- 1 cucchiaio (15 ml) di avocado o olio extravergine di oliva
- ¼ di tazza (40 g) di cipolla rossa a dadini
- 2 cucchiai (6 g) di prezzemolo tritato finemente
- 1 cucchiaio (1 g) di coriandolo tritato finemente
- ½ cucchiaino di sommacco
- Sale kosher e pepe nero appena macinato
- ¾ tazza (125 g) di bulgur
- 1½ tazza (355 ml) di acqua
- 2 tazze confezionate (40 g) rucola
- 2 cucchiaini (10 ml) di aceto di mele
- ½ testa di broccoli, tagliata a piccole cimette
- 2 tazze (140 g) di cavolo rosso tritato finemente
- 2 avocado, sbucciati, snocciolati e affettati sottilmente
- ¾ tazza (180 ml) di peperone rosso arrostito
- Salsa

**ISTRUZIONI**
a) Aggiungere i ceci, l'olio, la cipolla, le erbe aromatiche, il sommacco, il sale e il pepe in una ciotola media e mescolare per unire. Metti da parte per marinare mentre prepari il resto della ciotola.
b) Unire il bulgur, l'acqua e un generoso pizzico di sale in una casseruola media. Portare a ebollizione, quindi coprire, ridurre il fuoco al minimo e cuocere a fuoco lento finché sono teneri, da 10 a 15 minuti. Togliere dal fuoco e aggiungere la rucola e l'aceto.
c) Nel frattempo cuocere a vapore i broccoli.
d) Per servire, dividi il bulgur e il cavolo nelle ciotole. Completare con ceci, broccoli, avocado e salsa di peperoni rossi arrostiti.

## 68. Ciotole di zucca e cavolo

Serve 4

**INGREDIENTI**
- ½ tazza (82 g) di farro perlato
- 1 tazza e ¼ (295 ml) di acqua
- Sale kosher e pepe nero appena macinato
- 1 zucca butternut piccola, sbucciata e tagliata a bastoncini spessi ½ pollice (1,3 cm)
- 1 libbra (455 g) di cavolini di Bruxelles, mondati e tagliati a metà
- 2 cucchiai (30 ml) di avocado, cocco o olio extravergine di oliva
- 3 tazze (360 g) di cavolo al vapore
- 1 tazza (40 g) di radicchio tritato
- 1 mela soda, privata del torsolo e tagliata a dadini
- Ceci croccanti
- 1 ricetta Salsa tahini piccante all'acero

**ISTRUZIONI**
a)     Preriscalda il forno a 425 ° F (220 ° C, o gas mark 7).
b)     Aggiungere il farro, l'acqua e un generoso pizzico di sale in una casseruola media. Portare a ebollizione, quindi ridurre il fuoco al minimo, coprire e cuocere a fuoco lento fino a quando il farro è tenero con una leggera masticazione, circa 30 minuti.
c)     Nel frattempo, condire la zucca e i cavoletti di Bruxelles con l'olio, il sale e il pepe. Stendere in un unico strato su una teglia cerchiata. Arrostire fino a quando la zucca è tenera e i cavoletti di Bruxelles sono dorati e croccanti, circa 20 minuti, mescolando una volta a metà.
d)     Per servire, dividi il cavolo tra le ciotole. Completare con zucca, cavoletti di Bruxelles, farro, radicchio e mela. Cospargere con i ceci croccanti e irrorare con la salsa Tahini all'acero piccante.

## 69. Ciotole Di Lenticchie E Tomatillo Arrosto

Questa è una ciotola per gli amanti della salsa verde, per chi sogna un modo meno disordinato di mangiare i tacos di lenticchie e per quelli come me che non smettono mai di farcire una tortilla con tutte le verdure a vista. Mentre potresti certamente usare il tuo barattolo preferito di salsa verde, dovresti preparare questa versione calda se hai tempo. Inizia carbonizzando i tomatillos, il poblano e l'aglio sotto la griglia per conferire un sapore e un affumicato extra alla salsa. Si conserva bene in frigo e può essere preparato con qualche giorno di anticipo, oppure conservato in freezer per diversi mesi.

Serve 4

**INGREDIENTI**
- 3 tomatillos medi, decorticati e lavati
- ½ peperone poblano, senza semi
- 2 spicchi d'aglio
- 2 cucchiai (30 ml) di olio extravergine di oliva, divisi
- ¼ di tazza (4 g) di coriandolo fresco
- Sale kosher
- ½ tazza (120 ml) di aceto bianco
- 2½ tazze (590 ml) di acqua, divise
- 8 ravanelli, affettati sottilmente
- 1 tazza (190 g) di lenticchie francesi, sciacquate
- 1 testa di broccoli, tagliata a cimette
- 1 tazza (120 g) di chicchi di mais
- 2 avocado, sbucciati, snocciolati e affettati sottilmente

**ISTRUZIONI**
a) Imposta il forno sulla griglia.
b) Metti i tomatillos, il poblano e l'aglio su una teglia bordata, irrora con 1 cucchiaio (15 ml) di olio e mescola per unire. Cuocere fino a quando i tomatillos sono morbidi con alcuni punti carbonizzati, circa 8 minuti in totale. Raffreddare completamente. Ridurre la temperatura del forno a 400°F (200°C, o gas mark 6).

c) Aggiungi i tomatillos, il poblano, l'aglio, il coriandolo e il sale nella ciotola di un robot da cucina o di un frullatore. Frullate continuamente fino a quando i tomatillos saranno ridotti in purea e la salsa sarà ben amalgamata.

d) Porta a ebollizione l'aceto, ½ tazza (120 ml) di acqua e ½ cucchiaino di sale in una casseruola media. Versare il liquido caldo sui ravanelli in una ciotola media; accantonare.

e) Risciacquare la casseruola. Unisci le lenticchie, i restanti 2 tazze (470 ml) di acqua e un pizzico di sale nella stessa casseruola. Portare a ebollizione, quindi ridurre il fuoco in modo che il liquido sia a fuoco lento. Cuocere fino a quando le lenticchie sono tenere, da 20 a 30 minuti. Scolare e mettere da parte. Nel frattempo preparate le verdure.

f) Condisci i broccoli con il restante 1 cucchiaio (15 ml) di olio e disponili in uno strato uniforme su una teglia bordata. Arrostire fino a quando diventa tenero e leggermente dorato, circa 20 minuti, mescolando una volta a metà.

g) Per servire, scolare il liquido dai ravanelli. Dividi le lenticchie nelle ciotole. Completare con ravanelli, broccoli, mais e avocado e condire con la salsa di tomatillo sopra.

## 70. **Banh Mi Ciotole**

Serve 4

**INGREDIENTI**
- 14 once (392 g) di tofu extra compatto, pressato e scolato
- 2 cucchiai (30 ml) di salsa di soia
- 2 cucchiaini (10 ml) di olio di sesamo tostato
- 2 bulbi di citronella, tritati
- 2 spicchi d'aglio, tritati
- 2 carote medie, sbucciate e tagliate a listarelle
- 1 daikon piccolo, sbucciato e tagliato a strisce
- 1 tazza (235 ml) di aceto di riso
- 3 tazze (705 ml) di acqua, divise
- Sale kosher e pepe nero appena macinato
- 1 tazza (165 g) di riso al gelsomino
- 2 tazze (110 g) di lattuga romana tritata
- 8 ravanelli, affettati sottilmente
- ¼ di tazza (4 g) di coriandolo fresco
- ½ tazza (120 ml) di salsa piccante allo yogurt

**ISTRUZIONI**
a) Preriscalda il forno a 400 ° F (200 ° C o gas mark 6).
b) Tagliare il tofu a triangoli. Sbatti insieme la salsa di soia, l'olio di sesamo, la citronella e l'aglio in un contenitore poco profondo. Aggiungere il tofu, mescolare per ricoprire e marinare per almeno 10 minuti.
c) Nel frattempo, aggiungi le carote e il daikon in una ciotola capiente. Porta a ebollizione l'aceto, 1 tazza (235 ml) di acqua e 1 cucchiaino (6 g) di sale in una casseruola media, mescolando per sciogliere il sale. Versare il liquido caldo sulle carote e sui daikon; accantonare.
d) Risciacquare la casseruola. Aggiungere il riso, le restanti 2 tazze (470 ml) di acqua e un generoso pizzico di sale e portare a ebollizione. Ridurre il fuoco, coprire e cuocere fino a quando il riso è tenero, circa 15 minuti. Togliere dal fuoco e cuocere a vapore il riso con il coperchio per 10 minuti.

e) Nel frattempo cuocere il tofu. Disporre il tofu in un unico strato su una grande teglia da forno bordata con pergamena e scartare la marinata rimanente. Cuocere fino a quando il fondo del tofu è leggermente dorato, circa 12 minuti. Capovolgi il tofu e cuoci per altri 12 minuti.

f) Per servire, scolare il liquido dalle carote e daikon. Dividi il riso e la romaine tra le ciotole. Completare con il tofu, le verdure in salamoia, i ravanelli e il coriandolo e condire con la salsa piccante allo yogurt.

## 71. Ciotole Di Curry Al Cocco Tailandese

Serve 4

**INGREDIENTI**
- 1 cucchiaio (14 g) di olio di cocco
- 3 spicchi d'aglio, tritati
- 1½ cucchiaio (9 g) di zenzero fresco tritato finemente
- 2 cucchiai (30 g) di pasta di curry tailandese rosso
- 1 lattina (14 once o 392 g) di latte di cocco non zuccherato
- 1½ tazza (355 ml) di brodo vegetale
- 1 lime, scorza, poi tagliato a spicchi
- Sale kosher e pepe nero appena macinato
- 14 once (392 g) di tofu extra compatto, pressato, scolato e tagliato a cubetti
- 8 once (225 g) di fagiolini, tagliati
- 2 cucchiaini (10 ml) di tamari
- 1 testa di broccoli, tagliata a cimette
- Tagliatelle di zucchine da 16 once (455 g).
- 1 tazza (70 g) di cavolo rosso tritato
- Arachidi tostate non salate, tritate
- Coriandolo fresco tritato

**ISTRUZIONI**

a) Scaldare l'olio in una casseruola media a fuoco medio. Aggiungere l'aglio e lo zenzero, mescolare per ricoprire e cuocere fino a quando non è fragrante, circa 30 secondi. Mescolare la pasta di curry e cuocere per 1 minuto in più. Mescolare il latte di cocco, il brodo e la scorza di lime e condire con sale e pepe. Portare a ebollizione, quindi abbassare la fiamma al minimo e cuocere a fuoco lento per 15 minuti. Mescolare il tofu e i fagiolini e cuocere a fuoco lento per altri 5 minuti. Togliere dal fuoco, aggiungere il tamari e condire a piacere.

b) Nel frattempo cuocere a vapore i broccoli.

c) Per servire, dividi i noodles di zucchine tra le ciotole. Completare con tofu e fagiolini, broccoli e cavolo. Versare sopra la salsa al curry, cospargere con arachidi e coriandolo e aggiungere una spruzzata di succo di lime.

## 72. Ciotole di sushi vegetariane

Serve 4

**INGREDIENTI**

- 1 tazza (165 g) di riso integrale
- 2 tazze (470 ml) più 2 cucchiai (30 ml) di acqua, divisi
- Sale kosher e pepe nero appena macinato
- 14 once (392 g) di tofu extra compatto, pressato e scolato
- ¼ di tazza (60 ml) di salsa di soia
- 2 cucchiai (30 ml) di aceto di riso
- 1 cucchiaino (6 g) di miele2 spicchi d'aglio, tritati
- 2 carote medie, sbucciate e tagliate a listarelle
- ½ cetriolo senza semi, affettato sottilmente
- 2 avocado, sbucciati, snocciolati e sottilmente
- affettato
- 2 scalogni, affettati sottilmente
- Nori tritato
- semi di sesamo
- 1 ricetta Salsa di miso e zenzero

**ISTRUZIONI**

a) Preriscalda il forno a 400 ° F (200 ° C o gas mark 6).

b) Aggiungi il riso, 2 tazze (470 ml) di acqua e un generoso pizzico di sale in una casseruola media e porta ad ebollizione. Ridurre il fuoco al minimo, coprire e cuocere fino a quando il riso è tenero, da 40 a 45 minuti. Togliere dal fuoco e cuocere a vapore il riso con il coperchio per 10 minuti.

c) Nel frattempo tagliate il tofu a triangoli. Sbatti insieme la salsa di soia, l'aceto di riso, i restanti 2 cucchiai (30 ml) di acqua, il miele e l'aglio in un contenitore poco profondo. Aggiungere il tofu, mescolare delicatamente per unire e marinare per almeno 10 minuti.

d) Disporre il tofu in un unico strato su una teglia cerchiata e scartare la marinata rimanente. Cuocere fino a quando il fondo del tofu è leggermente dorato, circa 12 minuti. Capovolgi il tofu e cuoci per altri 12 minuti.

e) Per servire, dividi il riso nelle ciotole. Completare con tofu, carota, cetriolo e avocado. Guarnire con scalogno, nori e semi di sesamo e condire con salsa di miso e zenzero.

## 73. Ciotole Soba primaverili

Serve 4
**INGREDIENTI**
- 1 mazzetto di asparagi, le estremità tagliate 2 cucchiai (30 ml) di avocado o olio extravergine di oliva, diviso
- Sale kosher e pepe nero appena macinato
- 8 once (225 g) di funghi misti, come shiitake e cremini, affettati
- 1 cucchiaio (15 ml) di aminoacidi al cocco
- 4 once (115 g) di soba di grano saraceno
- 4 uova grandi
- 1 tazza (120 g) di piselli inglesi, sbollentati
- 4 carote medie, sbucciate e tagliate a listarelle
- 1 ravanello di anguria, affettato sottilmente
- 2 scalogno, solo le parti verdi, tagliato a julienne
- 1 ricetta Salsa di formaggio di capra alle erbe
- semi di sesamo

ISTRUZIONI

a) Preriscalda il forno a 400 ° F (200 ° C o gas mark 6).

b) Disporre gli asparagi su una teglia cerchiata. Condire con 1 cucchiaio (15 ml) di olio, sale e pepe e mescolare per ricoprire. Cuocere finché sono teneri e leggermente dorati, 15 minuti, mescolando una volta a metà.

c) Nel frattempo, scalda il restante 1 cucchiaio (15 ml) di olio in una padella capiente a fuoco medio. Aggiungere i funghi e rosolare finché sono teneri. Mescolare gli aminoacidi di cocco e cuocere per 1 minuto in più.

d) Portare a ebollizione una pentola capiente di acqua salata. Aggiungere i noodles di soba e cuocere secondo le istruzioni sulla confezione. Scolare e sciacquare bene con acqua fredda.

e) Portare a ebollizione una casseruola separata d'acqua a fuoco medio.

f) Usa un cucchiaio per abbassare con cura le uova nell'acqua. Cuocere per 6 minuti, mantenendo una leggera ebollizione. Ridurre il calore se necessario. Trasferisci le uova in un bagno di ghiaccio, finché non sono abbastanza fredde da poter essere maneggiate ma ancora calde. Sbucciate le uova, e tagliate ognuna a metà.

g) Per servire, dividi i noodles di soba nelle ciotole. Completare con asparagi, funghi, piselli, carote, ravanelli a fette, scalogno e un uovo alla coque. Condire con salsa di formaggio di capra alle erbe e cospargere con semi di sesamo.

## 74. Ciotole Di Riso Con Broccoli E Uova

Serve 4

**INGREDIENTI**
- 1 tazza (235 ml) di aceto bianco
- 1 tazza (235 ml) di acqua
- Sale kosher e pepe nero appena macinato
- 6 ravanelli, affettati sottilmente
- 3 cucchiai (45 ml) di avocado o olio extravergine di oliva, divisi
- 16 once (455 g) di broccoli con riso
- 2 spicchi d'aglio, tritati
- 1 cucchiaino (2 g) di za'atar
- 4 tazze (120 g) di spinaci novelli
- 1 cucchiaio (15 ml) di succo di limone appena spremuto
- 4 uova grandi
- Feta sbriciolata
- 1 ricetta Salsa tahin al limone
- peperoncino in pezzi

**ISTRUZIONI**

a) Porta a ebollizione l'aceto, l'acqua e 1 cucchiaino (6 g) di sale in una casseruola media, mescolando per sciogliere il sale. Versare il liquido caldo sui ravanelli in una ciotola capiente; accantonare.

b) Scalda 1 cucchiaio (15 ml) di olio in una padella capiente a fuoco medio finché non diventa luccicante. Aggiungere i broccoli, l'aglio, lo za'atar, il sale e il pepe. Cuocere, mescolando di tanto in tanto, fino a quando i broccoli sono leggermente ammorbiditi, da 3 a 5 minuti. Dividi tra le ciotole.

c) Scalda 1 cucchiaio (15 ml) di olio nella stessa padella a fuoco medio. Aggiungere gli spinaci e condire con sale e pepe. Cuocere, rigirando di tanto in tanto, fino ad appassire, da 2 a 3 minuti. Togliere dal fuoco e aggiungere il succo di limone. Dividi tra le ciotole.

d) Riscalda il restante 1 cucchiaio (15 ml) di olio nella stessa padella e friggi le uova.

e) Scolare il liquido dai ravanelli. Per servire, guarnisci i broccoli e gli spinaci con un uovo, i ravanelli e la feta. Condire con la salsa Tahini al limone e cospargere con scaglie di peperoncino.

## 75. Ciotole tailandesi del pad del cavolfiore

Serve 4

**INGREDIENTI**
- 2 cucchiai (30 ml) di avocado o olio extravergine di oliva, divisi
- 14 once (392 g) di tofu extra compatto, pressato, scolato e tagliato a cubetti
- Sale kosher e pepe nero appena macinato
- 16 once (455 g) di cavolfiore riso
- 2 spicchi d'aglio, tritati
- 2 uova grandi, leggermente sbattute
- ¾ di tazza (180 ml) di salsa di arachidi al tamarindo (pagina 24)
- 1 tazza (70 g) di cavolo rosso tritato
- 1 tazza (110 g) di carote tritate
- 1 tazza (100 g) di germogli di soia
- ½ tazza (8 g) di foglie di coriandolo fresco
- 2 scalogno, solo le parti verdi, affettato sottilmente
- Arachidi tostate tritate e non salate

**ISTRUZIONI**
a) Scalda 1 cucchiaio (15 ml) di olio in una padella capiente a fuoco medio-alto. Aggiungere il tofu, condire con sale e pepe e cuocere, girando di tanto in tanto, fino a quando tutti i lati sono croccanti e dorati. Trasferisci il tofu in un piatto foderato di carta assorbente.
b) Scalda il rimanente 1 cucchiaio (15 ml) di olio nella stessa padella a fuoco medio. Aggiungere il cavolfiore riso e l'aglio. Cuocere, mescolando di tanto in tanto, fino a quando il cavolfiore è leggermente ammorbidito, circa 3 minuti. Sposta il cavolfiore su un lato della padella. Versare le uova nel lato vuoto e mescolare fino a cottura. Mescolare con il riso al cavolfiore. Togli dal fuoco e aggiungi circa 2 cucchiai (30 ml) di salsa.
c) Per servire, dividi il riso al cavolfiore tra le ciotole. Completare con tofu, cavolo, carote, germogli di soia e coriandolo. Guarnire con scalogno e arachidi e condire con salsa di arachidi al tamarindo.

## 76. Tofu piccante al sesamo e ciotole di riso

Serve 4

**INGREDIENTI**
- ¾ tazza (125 g) di riso proibito
- 1½ tazza (355 ml) di acqua
- Sale kosher
- 14 once (392 g) di tofu extra compatto, pressato e scolato
- 2 cucchiai (30 ml) di tamari
- 3 cucchiai (45 ml) di olio di sesamo tostato, diviso
- 1 cucchiaino (6 g) di miele
- ½ cucchiaino di sambal olek
- 1 broccoli a testa media, tagliati a cimette piccole
- ½ cucchiaio (3 g) di zenzero fresco grattugiato finemente
- 2 carote medie, sbucciate e tagliate a listarelle
- 2 avocado, sbucciati, snocciolati e affettati sottilmente
- semi di sesamo
- 1 ricetta Salsa di arachidi (pagina 24)

**ISTRUZIONI**

a) Preriscalda il forno a 400 ° F (200 ° C o gas mark 6).

b) Unire il riso, l'acqua e un generoso pizzico di sale in una casseruola media e portare a ebollizione. Ridurre il fuoco al minimo, coprire e cuocere a fuoco lento, mescolando di tanto in tanto, fino a quando il riso è tenero, circa 30 minuti. Nel frattempo preparate il tofu e le verdure.

c) Tagliare il tofu a triangoli. Sbatti insieme il tamari, 1 cucchiaio (15 ml) di olio di sesamo, miele e sambal olek in un contenitore poco profondo. Aggiungere il tofu, mescolare per ricoprire e marinare per almeno 10 minuti.

d) Disporre il tofu in un unico strato su un lato di una grande teglia bordata con pergamena e scartare la marinata rimanente. Mescola i broccoli con i restanti 2 cucchiai (30 ml) di olio di sesamo, lo zenzero e il sale. Disporre in un unico strato sull'altra metà della teglia.

e) Cuocere fino a quando il fondo del tofu è leggermente dorato, circa 12 minuti. Capovolgi il tofu, mescola i broccoli e cuoci per altri 12 minuti.

f) Per servire, dividi il riso nelle ciotole. Completare con tofu, broccoli arrostiti, carote a scaglie e avocado. Cospargere con semi di sesamo e condire con salsa di arachidi.

g) Rendilo vegano | Semplicemente scambiando il miele con lo sciroppo d'agave, questa ricetta diventa facilmente vegana. Non saltare del tutto il dolcificante, poiché è essenziale per mantenere equilibrata la marinata.

## 77. Ciotole di Tofu Chili-Maple

Serve 4

**INGREDIENTI**
- 1 tazza (235 ml) di aceto di riso
- 1 tazza (235 ml) di acqua
- ¼ di cucchiaino di scaglie di peperoncino
- Sale kosher e pepe nero appena macinato
- 3 carote medie, sbucciate e tagliate a listarelle
- ¼ di tazza (60 ml) di tamari
- 2 cucchiai (30 ml) di sciroppo d'acero
- 2 cucchiaini (10 ml) di salsa di peperoncino all'aglio
- 14 once (392 g) di tofu extra compatto, pressato, scolato e tagliato a triangoli
- 8 once (225 g) di soba di grano saraceno
- 1 cucchiaio (15 ml) di avocado o olio extravergine di oliva
- 1 tazza (70 g) di cavolo rosso tritato finemente
- 1 tazza (120 g) di edamame sgusciato
- 2 avocado, sbucciati, snocciolati e affettati sottilmente
- ¾ tazza (180 ml) di salsa di arachidi piccante
- 3 scalogno, solo le parti verdi, affettato sottilmente

**ISTRUZIONI**

a) Porta a ebollizione l'aceto, l'acqua, i fiocchi di peperoncino e 1 cucchiaino (6 g) di sale in una casseruola media, mescolando per sciogliere il sale.

b) Versare il liquido caldo sulle carote in una ciotola media; accantonare.

c) Sbatti insieme il tamari, lo sciroppo d'acero e la salsa chili all'aglio in un contenitore poco profondo. Aggiungere il tofu e mescolare per ricoprire. Marinare per almeno 10 minuti.

d) Portare a ebollizione una pentola capiente di acqua salata. Aggiungere i noodles di soba e cuocere secondo le istruzioni sulla confezione. Scolare e sciacquare bene con acqua fredda.

e) Scolare la marinata dal tofu. Scaldare l'olio in una padella capiente a fuoco medio-alto finché non luccica. Aggiungere il tofu, condire con sale e pepe e cuocere fino a quando il fondo è leggermente dorato e croccante, circa 2 minuti. Girare e continuare la cottura fino a quando tutti i lati sono leggermente dorati.

f) Per servire, scolare il liquido dalle carote. Dividi i noodles di soba nelle ciotole. Completare con spicchi di tofu, nastri di carote in salamoia, cavolo rosso, edamame e avocado. Condire con salsa di arachidi piccante e cospargere di scalogno.

78. **Ciotole di ceci Masala**

Serve 4

**INGREDIENTI**
- 1 cavolfiore a testa piccola, tagliato a cimette
- 3 carote medie, sbucciate e tagliate a fette spesse 6 mm 4 cucchiai (60 ml) di avocado o olio extravergine di oliva, divisi
- Sale kosher e pepe nero appena macinato
- 1 cipolla piccola, a dadini
- 2 spicchi d'aglio, tritati
- 1 cucchiaio (6 g) di zenzero fresco grattugiato finemente
- 1 Piccolo Serranopeperoncino, senza semi e a dadini (facoltativo)
- 2 cucchiaini (4 g) garam masala
- 1 cucchiaino (2 g) di coriandolo macinato
- ½ cucchiaino di curcuma macinata
- 1 (14 once o 392 g) di pomodori a dadini
- 1½ tazza (300 g) o 1 lattina (15 once o 420 g) di ceci, scolati e sciacquati
- ½ tazza (90 g) di miglio
- 1 tazza e ¼ (295 ml) di acqua
- 4 tazze (280 g) di bietola svizzera tritata
- 1 ricetta Salsa allo yogurt al coriandolo

**ISTRUZIONI**
a) Preriscalda il forno a 400 ° F (200 ° C o gas mark 6).
b) Condire il cavolfiore e le carote con 2 cucchiai (30 ml) di olio, sale e pepe. Stendere in uno strato uniforme su una teglia cerchiata. Arrostire per 20 minuti, mescolando una volta a metà cottura.
c) Scalda 1 cucchiaio (15 ml) di olio in una padella capiente a fuoco medio. Aggiungere la cipolla, condire con sale e pepe e cuocere, mescolando di tanto in tanto, fino a renderla morbida, circa 5 minuti. Aggiungere l'aglio, lo zenzero, il peperoncino Serrano (se utilizzato), il garam masala, il coriandolo e la curcuma e mescolare per unire. Cuocere fino a fragrante, circa 2 minuti. Mescolare i pomodori, i ceci e un altro pizzico di sale e pepe. Portare a

ebollizione, quindi abbassare la fiamma e cuocere a fuoco lento per 15 minuti, mescolando di tanto in tanto. Nel frattempo preparate il miglio.

d) Aggiungere il miglio in una casseruola grande e asciutta e tostare a fuoco medio fino a doratura, da 4 a 5 minuti. Versare l'acqua e un generoso pizzico di sale. L'acqua scoppierà all'inizio, ma si depositerà rapidamente. Portare ad ebollizione. Ridurre il fuoco al minimo, coprire e cuocere a fuoco lento fino a quando la maggior parte dell'acqua non viene assorbita, circa 15 minuti. Togliere dal fuoco e cuocere a vapore nella pentola per 5 minuti.

e) Scalda il rimanente 1 cucchiaio (15 ml) di olio in una padella a fuoco medio. Aggiungere la bietola, condire leggermente con sale e pepe e mescolare per ricoprire con l'olio. Cuocere finché sono teneri, da 3 a 5 minuti.

f) Per servire, dividere il miglio e la bietola nelle ciotole. Completare con ceci e pomodori, cavolfiore arrostito e carote.

## 79. Raccolta Macro Ciotola

Serve 4

## INGREDIENTI
- ½ tazza (82 g) di riso integrale
- ½ tazza (96 g) di lenticchie marroni
- Sale kosher e pepe nero appena macinato
- 1 mediozucca delicata
- 2 cucchiai (30 ml) di avocado o olio extravergine di oliva, diviso
¼ di cucchiaino di cannella in polvere
- 1 testa di broccoli, tagliata a cimette
- 2 tazze (110 g) di lattuga romana tritata
- 2 barbabietole medie, sbucciate e affettate sottilmente
- 1 mela grande, privata del torsolo e affettata
- crauti
- 1 ricetta Salsa Miso Tahini (pagina 26)
- Semi di canapa

## ISTRUZIONI
a) Preriscalda il forno a 400 ° F (200 ° C o gas mark 6).
b) Aggiungere il riso, le lenticchie e un generoso pizzico di sale in una casseruola media e coprire con acqua di almeno 2 pollici (5 cm). Portare a ebollizione, quindi ridurre il fuoco al minimo e cuocere a fuoco lento finché sono teneri, da 25 a 30 minuti. Scolare l'acqua in eccesso.
c) Taglia la zucca a rondelle spesse 1,3 cm, quindi rimuovi ed elimina i semi. Condisci la zucca con 1 cucchiaio (15 ml) di olio, cannella, sale e pepe. Disporre in un unico strato su un lato di una teglia cerchiata. Condisci i broccoli con il rimanente 1 cucchiaio (15 ml) di olio, sale e pepe e disponili in un unico strato sull'altro lato della teglia. Arrostire fino a quando le verdure sono tenere e leggermente dorate, circa 20 minuti, girando la zucca e mescolando i broccoli una volta a metà cottura.
d) Per servire, dividi il riso e le lenticchie nelle ciotole. Aggiungere le verdure arrostite, la romaine, le barbabietole, la mela e i crauti. Condire con salsa di miso tahini e cospargere con semi di canapa.

## 80. Ciotole di cavolfiore e lenticchie alla curcuma e zenzero

Serve 4

**INGREDIENTI**
- ½ tazza (120 ml) di aceto bianco
- ½ tazza (120 ml) di acqua
- Sale kosher e pepe nero appena macinato
- ½ cipolla rossa media, affettata sottilmente
- ½ tazza (96 g) di lenticchie francesi, sciacquate
- 2 patate dolci medie, sbucciate e tagliate a cubetti da 2,5 cm
- 3 cucchiai (45 ml) di avocado o olio extravergine di oliva, divisi
- 2 tazze (140 g) di cavolo toscano tritato finemente
- 8 once (225 g) di cavolfiore riso
- 1 cucchiaio (6 g) di zenzero fresco grattugiato finemente
- 1 spicchio d'aglio, tritato
- 1 cucchiaino (2 g) di curcuma macinata
- 1 ricetta Raita
- Semi di zucca tostati

**ISTRUZIONI**
a) Preriscalda il forno a 425 ° F (220 ° C, o gas mark 7).
b) Portare a ebollizione l'aceto, l'acqua e ½ cucchiaino di sale in una casseruola media, mescolando per sciogliere il sale. Versare il liquido caldo sulla cipolla affettata in una ciotola media; metti da parte mentre prepari il resto degli ingredienti.
c) Nel frattempo, aggiungi le lenticchie e un generoso pizzico di sale in una casseruola media e copri con acqua per almeno 2 pollici (5 cm). Portare a ebollizione, quindi ridurre il fuoco al minimo e cuocere a fuoco lento finché sono teneri, circa 25 minuti. Scolare l'acqua in eccesso.
d) Condire le patate dolci con 1 cucchiaio (15 ml) di olio, sale e pepe. Disporre in un unico strato su una teglia cerchiata. Arrostire fino a quando diventa tenero e dorato attorno ai bordi, circa 20 minuti, mescolando una volta a metà.
e) Strofina il cavolo con 1 cucchiaio (15 ml) di olio e un pizzico di sale; accantonare.

f) Scalda il rimanente 1 cucchiaio (15 ml) di olio in una padella a fuoco medio. Aggiungere il cavolfiore riso, lo zenzero, l'aglio, la curcuma, il sale e il pepe. Cuocere, mescolando di tanto in tanto, finché sono teneri, circa 3 minuti.

g) Scolare il liquido dalle cipolle. Per servire, dividi il riso al cavolfiore e le lenticchie nelle ciotole. Completare con cavolo, patate dolci e cipolle sottaceto. Aggiungere una generosa cucchiaiata di Raita e cospargere con i semi di zucca.

## 81. Ciotole di taco di patate dolci e lenticchie

Serve 4

**INGREDIENTI**
- 1 tazza (190 g) di lenticchie marroni
- Sale kosher e pepe nero appena macinato
- 1 cucchiaio (15 ml) di avocado o olio extravergine di oliva
- Tagliatelle di patate dolci da 16 once (455 g).
- ½ cucchiaino di peperoncino in polvere
- ½ cucchiaino di cumino macinato
- 1 tazza (120 g) di chicchi di mais
- 2 avocado, sbucciati, snocciolati e tagliati a dadini
- yogurt greco
- Pico de Gallo
- 2 scalogni, affettati sottilmente
- Coriandolo fresco tritato

**ISTRUZIONI**

a) Aggiungere le lenticchie e un generoso pizzico di sale in una casseruola media e coprire con acqua di almeno 2 pollici (5 cm). Portare a ebollizione, quindi ridurre il fuoco al minimo e cuocere a fuoco lento finché sono teneri, da 25 a 30 minuti. Scolare l'acqua in eccesso.

b) Scaldare l'olio in una padella capiente a fuoco medio. Aggiungere le tagliatelle di patate dolci, il peperoncino in polvere, il cumino, il sale e il pepe. Cuocere, mescolando di tanto in tanto, fino a renderlo morbido, da 6 a 8 minuti.

c) Per servire, dividi le lenticchie e le tagliatelle di patate dolci nelle ciotole. Completare con mais, avocado, una cucchiaiata di yogurt greco, pico de gallo, scalogno e coriandolo.

## 82. Ciotole di patate dolci Chipotle

Serve 4

**INGREDIENTI**
- ½ tazza (120 ml) di aceto bianco
- 2 tazze e mezzo (590 ml) più 2 cucchiai (30 ml) di acqua, divisi
- Sale kosher e pepe nero appena macinato
- ½ tazza (80 g) di cipolla rossa affettata sottilmente
- 2 patate dolci grandi (o 3 medie).
- 1 cucchiaio (15 ml) di avocado o olio extravergine di oliva
- 1 cucchiaio (6 g) di chipotlepeperoncino in polvere
- 2 cucchiaini (4 g) di cumino macinato, diviso
- 1 tazza (175 g) di quinoa, sciacquata
- 2 cucchiai (30 ml) freschi
- succo di lime spremuto
- 1 tazza e ½ (300 g) o 1 lattina (15 once o 420 g) di fagioli neri, scolati e sciacquati
- 1 tazza (120 g) di chicchi di mais
- 4 tazze (120 g) di spinaci novelli
- 1 avocado, sbucciato, snocciolato e affettato sottilmente
- 1 ricetta Salsa Chimichurri
- 2 scalogno, affettato sottilmente

**ISTRUZIONI**
a) Preriscalda il forno a 400 ° F (200 ° C o gas mark 6).
b) Porta a ebollizione l'aceto, ½ tazza (120 ml) di acqua e ½ cucchiaino di sale in un pentolino, mescolando per sciogliere il sale. Aggiungi la cipolla in una piccola ciotola e versa il liquido caldo sopra; accantonare.
c) Sbucciare e tagliare le patate a metà nel senso della lunghezza, quindi tagliarle a fette spesse circa 1,3 cm. Mescola le patate dolci con l'olio, il peperoncino chipotle in polvere, 1 cucchiaino (2 g) di cumino, sale e pepe. Stendere in uno strato uniforme su una teglia cerchiata. Arrostire finché sono teneri e dorati attorno ai bordi, circa 25 minuti, girando una volta a metà.

d) Nel frattempo, unire la quinoa, 2 tazze (470 ml) di acqua e un generoso pizzico di sale in una casseruola media. Portare a ebollizione, quindi coprire, ridurre il fuoco al minimo e cuocere a fuoco lento finché sono teneri, circa 15 minuti. Togliere dal fuoco e cuocere a vapore con il coperchio per circa 5 minuti. Mescolare il succo di lime.

e) Aggiungi i fagioli, il mais, i restanti 2 cucchiai (30 ml) di acqua, il restante 1 cucchiaino (2 g) di cumino e un pizzico di sale in una casseruola media. Cuocere, mescolando di tanto in tanto, fino a quando non sarà riscaldato, da 3 a 5    minuti.

f) Scolare il liquido dalle cipolle. Per servire, dividi gli spinaci e la quinoa nelle ciotole. Completare con patate dolci, miscela di fagioli neri e mais, cipolle rosse in salamoia e avocado. Condire con salsa chimichurri e cospargere con scalogno.

## 83. Ciotole di ceci speziate marocchine

Serve 4

**INGREDIENTI**
- 3 cucchiai (45 ml) di avocado o olio extravergine di oliva, divisi
- ½ cipolla media, a dadini
- 2 spicchi d'aglio, tritati
- 2 cucchiaini (4 g) di harissa
- 1 cucchiaino (5 g) di concentrato di pomodoro
- 2 cucchiaini (4 g) di cumino macinato
- 1 cucchiaino (2 g) di paprika
- ½ cucchiaino di cannella in polvere
- Sale kosher e pepe nero appena macinato
- 2 tazze (400 g) di ceci, scolati
- 1 (14 once o 392 g) di pomodori a dadini
- ¾ tazza (125 g) di bulgur
- 1½ tazza (355 ml) di acqua
- 8 tazze confezionate (560 g) di cavolo tritato
- 2 avocado, sbucciati, snocciolati e affettati sottilmente
- 4 uova in camicia
- 1 ricetta Salsa allo yogurt alla menta

**ISTRUZIONI**

a) Scalda 2 cucchiai (30 ml) di olio in una padella a fuoco medio finché non diventa luccicante. Aggiungere la cipolla e cuocere, mescolando di tanto in tanto, fino a renderla morbida e profumata, circa 5 minuti. Mescolare l'aglio, l'harissa, il concentrato di pomodoro, il cumino, la paprika, la cannella, il sale e il pepe e cuocere per 2 minuti. Mescolare i ceci e i pomodori. Portare a ebollizione, quindi abbassare la fiamma al minimo e cuocere a fuoco lento per 20 minuti. Nel frattempo preparate il bulgur.

b) Unire il bulgur, l'acqua e un generoso pizzico di sale in una casseruola media. Portare ad ebollizione. Ridurre il fuoco al minimo, coprire e cuocere a fuoco lento finché sono teneri, da 10 a 15 minuti.

c) Scalda il rimanente 1 cucchiaio (15 ml) di olio in una padella a fuoco medio finché non luccica. Aggiungere il cavolo e condire con sale. Cuocere, mescolando di tanto in tanto, fino a quando non diventa morbido e appassito, circa 5 minuti.

d) Per servire, dividi il bulgur tra le ciotole. Completare con ceci e pomodori, cavolo, avocado e un uovo. Condire con la salsa allo yogurt alla menta.

## 84. Macro Ciotole Winter Squash e Farro

Serve 4

**INGREDIENTI**
- 1 tazza (165 g) di farro perlato
- 3½ tazze (822 ml) di acqua, divise
- Sale kosher e pepe nero appena macinato
- ½ tazza (25 g) di fagioli mung secchi, sciacquati
- 2 cucchiai (30 ml) di avocado o olio extravergine di oliva, divisi
- ½ cucchiaio (7 g) di pasta di curry rosso tailandese vegetariana
- 2 zucchine delicate medie
- 1 mazzo di bietole arcobaleno, sminuzzate
- ½ cucchiaio (3 g) di zenzero fresco grattugiato
- 2 barbabietole medie, sbucciate e affettate sottilmente
- Formaggio di capra sbriciolato
- Semi di zucca tostati
- 1 ricetta Pesto di coriandolo e prezzemolo

**ISTRUZIONI**

a) Preriscalda il forno a 400 ° F (200 ° C o gas mark 6).

b) Aggiungi il farro, 2 tazze (470 ml) di acqua e un generoso pizzico di sale in una casseruola media. Portare a ebollizione, quindi ridurre il fuoco al minimo, coprire e cuocere a fuoco lento fino a quando il farro è tenero con una leggera masticazione, circa 30 minuti.

c) In una casseruola a parte, aggiungi i fagioli mung, i restanti 355 ml di acqua e un generoso pizzico di sale. Portare ad ebollizione. Ridurre il fuoco a medio-basso e cuocere a fuoco lento finché sono teneri, circa 25 minuti. Nel frattempo preparate le verdure.

d) Sbatti insieme 1 cucchiaio (15 ml) di olio, pasta di curry, sale e pepe in una ciotola capiente. Tagliare la zucca a metà nel senso della lunghezza. Scava i semi. Taglia trasversalmente in mezzelune spesse ½ pollice (1,3 cm). Aggiungi la zucca nella ciotola e mescola per unire. Disporre in un unico strato su una teglia cerchiata e arrostire finché sono teneri e dorati attorno ai bordi, 25 minuti, girando una volta a metà.

e) Scalda il rimanente 1 cucchiaio (15 ml) di olio in una padella capiente a fuoco medio. Aggiungere la bietola, lo zenzero e il sale. Cuocere, rigirando di tanto in tanto, fino a quando appassito, circa 5 minuti.

f) Per servire, dividere il farro nelle ciotole. Completare con fagioli mung, zucca arrostita, bietole, barbabietole, formaggio di capra, semi di zucca e pesto.

## 85. Ciotole Di Falafel Di Barbabietola

Serve 4

**INGREDIENTI**
- 3 tazze (600 g) o 2 lattine (15 once o 420 g) di ceci, scolati e sciacquati
- 1 cipolla rossa piccola, tritata grossolanamente
- ½ tazza confezionata (24 g) di foglie di prezzemolo fresco
- ½ tazza confezionata (24 g) di foglie di coriandolo fresco
- 2 cucchiai (30 ml) di succo di limone appena spremuto
- 2 spicchi d'aglio
- 2 cucchiaini (4 g) di cumino macinato
- 1 cucchiaino (2 g) di coriandolo macinato
- ⅛ cucchiaino di pepe di cayenna
- Sale kosher e pepe nero appena macinato
- 3 cucchiai (24 g) di farina per tutti gli usi
- 1 cucchiaino (2 g) di lievito in polvere
- 8 carotine baby (da 5 pollici o 13 cm), con i gambi ancora attaccati
- 1 cucchiaio (15 ml) di avocado o olio extravergine di oliva
- 16 once (455 g) di tagliatelle di barbabietola a spirale
- 2 tazze confezionate (140 g) tritate finemente
- cavolo toscano
- ½ cetriolo inglese, tritato
- 1 ricetta Avocado Green Goddess
- Vestirsi

**ISTRUZIONI**
a) Se usi i fagioli secchi, aggiungi i ceci in una ciotola media e copri con acqua per almeno 2,5 cm. Lasciali riposare, scoperti, a temperatura ambiente per 24 ore.
b) Preriscalda il forno a 190°C (gas mark 5).
c) Aggiungi i ceci scolati, la cipolla, il prezzemolo, il coriandolo, il succo di limone, l'aglio, il cumino, il coriandolo, il pepe di Caienna, 1 cucchiaino (6 g) di sale e ¼ di cucchiaino di pepe nella ciotola di un robot da cucina. Pulire circa 10 volte fino a quando i ceci non

vengono tritati. Raschiare i lati della ciotola, aggiungere la farina e il lievito e frullare fino a quando il composto non sarà ben amalgamato.

d) Preleva circa 2 cucchiai (30 g) di composto e arrotolalo formando una palla tra i palmi delle mani. Trasferire su una teglia leggermente unta e utilizzare una spatola per appiattire in un disco spesso ½ pollice (1,3 cm). Ripeti con il resto della miscela.

e) Cuocere i falafel finché non sono cotti e teneri, da 25 a 30 minuti, girandoli una volta a metà cottura.

f) Tagliare le carote a metà nel senso della lunghezza. Condire con olio, sale e pepe e disporre in un unico strato su una teglia cerchiata. Cuocere finché sono teneri, circa 20 minuti.

g) Per servire, dividi le tagliatelle di barbabietola e il cavolo nelle ciotole. Completare con polpette di falafel, carote arrostite e cetriolo e condire con Avocado Green Goddess Dressing.

## 86. Ciotole di lenticchie rosse speziate etiopi con verdure

Serve 4

**INGREDIENTI**
- ¾ tazza (125 g) di riso integrale
- 1½ tazza (355 ml) di acqua
- Sale kosher e pepe nero appena macinato
- 2 mazzi di broccoli
- 3 cucchiai (45 ml) di avocado o olio extravergine di oliva, divisi
- 1 cipolla, a dadini
- 2 spicchi d'aglio, tritati
- 1 cucchiaio (6 g) di zenzero fresco grattugiato finemente
- 2 cucchiai (30 g) di concentrato di pomodoro
- 1 cucchiaio (6 g) di berbere
- 1 cucchiaino (2 g) di coriandolo macinato
- 1 tazza (190 g) di lenticchie rosse
- 4 tazze (940 ml) di brodo vegetale o di pollo
- 1 tazza (235 ml) di latte di cocco non zuccherato in scatola
- 4 tazze (120 g) di spinaci novelli
- yogurt greco
- Foglie di coriandolo fresco

**ISTRUZIONI**
a) Preriscalda il forno a 400 ° F (200 ° C o gas mark 6).
b) Aggiungere il riso, l'acqua e un generoso pizzico di sale in una casseruola media e portare a ebollizione. Ridurre il fuoco al minimo, coprire e cuocere fino a quando il riso è tenero, da 40 a 45 minuti. Togliere dal fuoco e cuocere a vapore il riso con il coperchio per 10 minuti.
c) Condisci i broccoli con 2 cucchiai (30 ml) di olio, sale e pepe. Disporre in un unico strato su una teglia cerchiata. Arrostire finché sono teneri e le cimette sono leggermente dorate, circa 15 minuti, mescolando una volta a metà.
d) Nel frattempo, scalda il restante 1 cucchiaio (15 ml) di olio in una padella capiente a fuoco medio. Aggiungere la cipolla e cuocere, mescolando di tanto in tanto, fino a renderla morbida, circa 5

minuti. Mescolare l'aglio, lo zenzero, il concentrato di pomodoro, il berbere, il coriandolo, il sale e il pepe e cuocere da 1 a 2 minuti in più.

e) Aggiungere le lenticchie, il brodo e il latte di cocco e mescolare per unire. Portare a ebollizione, quindi ridurre il fuoco e cuocere a fuoco lento, mescolando di tanto in tanto, fino a quando non diventa morbido, da 20 a 25 minuti.

f) Per servire, dividi gli spinaci e il riso nelle ciotole. Completare con lenticchie, broccoli arrostiti, yogurt e coriandolo.

## 87. Ciotole Di Verdure Arrostite Alla Curcuma

Serve 4

**INGREDIENTI**
- ½ testa di cavolfiore medio, tagliata a cimette
- ½ libbra (224 g) di carotine, senza le cime frondose
- 4 barbabietole medie, mondate, sbucciate e tagliate a dadini
- 4 cucchiai (60 ml) di avocado o olio extravergine di oliva, divisi
- 1 cucchiaino (2 g) di curcuma macinata
- 1 cucchiaino (2 g) di cumino macinato
- Sale kosher e pepe nero appena macinato
- ¾ tazza (130 g) di miglio
- 1¾ tazze (410 ml) di acqua, divise
- 4 tazze confezionate (280 g) di cavolo tritato
- ⅛ cucchiaino di scaglie di peperoncino
- 4 uova in camicia
- 8 ravanelli, mondati e tagliati in quarti
- 2 scalogni, solo le parti verdi, affettati sottilmente
- 1 ricetta Salsa allo yogurt al coriandolo
- Broccoli, trifoglio o germogli di erba medica

**ISTRUZIONI**
a) Preriscalda il forno a 400 ° F (200 ° C o gas mark 6).
b) Mescola il cavolfiore, le carote e le barbabietole con 2 cucchiai (30 ml) di olio, la curcuma, il cumino, il sale e il pepe. Disporre le verdure in uno strato uniforme su una teglia cerchiata. Arrostire fino a quando diventa tenero e dorato attorno ai bordi, circa 20 minuti, mescolando una volta a metà.
c) Nel frattempo, scalda 1 cucchiaio (15 ml) di olio in una casseruola media. Aggiungere il miglio, mescolare per ricoprire e tostare fino a doratura, da 4 a 5 minuti. Versa 355 ml di acqua e un pizzico di sale. All'inizio l'acqua ribollirà e schizzerà, ma si depositerà rapidamente. Portare a ebollizione, quindi ridurre il fuoco al minimo, coprire e cuocere a fuoco lento finché sono teneri, circa 15 minuti. Togliere dal fuoco e cuocere a vapore nella pentola per 5 minuti.

d) Scalda il rimanente 1 cucchiaio (15 ml) di olio in una padella capiente a fuoco medio. Aggiungere il cavolo, il sale e i fiocchi di peperoncino. Cuocere, mescolando di tanto in tanto, fino a quando non appassisce. Versare i restanti ¼ di tazza (60 ml) di acqua e cuocere fino a quando le verdure sono morbide e il liquido viene assorbito, circa 5 minuti.

e) Per servire, dividi il miglio nelle ciotole. Completare con verdure arrostite, cavolo, un uovo in camicia, ravanelli e scalogno. Condire con la salsa allo yogurt al coriandolo e guarnire con i germogli.

## 88. Ciotole Di Verdure Arrostite Alla Curcuma

Fa: 4

**INGREDIENTI:**
- ½ testa di cavolfiore medio, tagliata a cimette
- Carotine da ½ libbra, rimosse le cime frondose
- 4 barbabietole medie, mondate, sbucciate e tagliate a dadini
- 4 cucchiai di avocado o olio extravergine di oliva, divisi
- 1 cucchiaino di curcuma macinata
- 1 cucchiaino di cumino macinato
- Sale kosher e pepe nero appena macinato
- ¾ tazza di riso selvatico
- 1¾ tazze d'acqua, divise
- 4 tazze confezionate di cavolo tritato
- ⅛ cucchiaino di scaglie di peperoncino
- 4 uova in camicia
- 8 ravanelli, mondati e tagliati in quarti
- 2 scalogni, solo le parti verdi, affettati sottilmente
- 1 ricetta Salsa allo yogurt al coriandolo
- Broccoli, trifoglio o germogli di erba medica

**ISTRUZIONI:**
a) Preriscalda il forno a 400 ° F.

b) Mescolare il cavolfiore, le carote e le barbabietole con 2 cucchiai di olio, curcuma, cumino, sale e pepe.

c) Disporre le verdure in uno strato uniforme su una teglia cerchiata. Arrostire fino a quando diventa tenero e dorato attorno ai bordi, circa 20 minuti, mescolando una volta a metà.

d) Nel frattempo, scalda 1 cucchiaio di olio in una casseruola media. Aggiungere il riso selvatico, mescolare per ricoprire e tostare fino a doratura, da 4 a 5 minuti. Versare 1 bicchiere e mezzo di acqua e un pizzico di sale. All'inizio l'acqua ribollirà e schizzerà, ma si depositerà rapidamente.

e) Portare a ebollizione, quindi ridurre il fuoco al minimo, coprire e cuocere a fuoco lento finché sono teneri, circa 15 minuti. Togliere dal fuoco e cuocere a vapore nella pentola per 5 minuti.

f) Scaldare il rimanente 1 cucchiaio di olio in una padella capiente a fuoco medio.

g) Aggiungere il cavolo, il sale e i fiocchi di peperoncino.

h) Cuocere, mescolando di tanto in tanto, fino a quando non appassisce. Versare la restante ¼ di tazza d'acqua e cuocere fino a quando le verdure sono morbide e il liquido viene assorbito, circa 5 minuti.

i) Per servire, dividi il riso selvatico tra le ciotole. Completare con verdure arrostite, cavolo, un uovo in camicia, ravanelli e scalogno.

j) Condire con la salsa allo yogurt al coriandolo e guarnire con i germogli.

# BUDDHA BOWLS CONDIMENTI

## 89. Condimento della dea verde avocado

Produce circa ¾ di tazza (180 ml)

**INGREDIENTI**
- 1 avocado di media maturità
- ¼ di tazza (60 g) di yogurt greco naturale
- 3 cucchiai (9 g) di erba cipollina tritata confezionata
- 3 cucchiai (9 g) di basilico fresco confezionato
- 3 cucchiai (9 g) di prezzemolo fresco confezionato
- spicchio d'aglio
- cucchiai (30 ml) di olio di avocado o olio extravergine di oliva
- cucchiai (30 ml) di aceto di mele
- 2 cucchiai (30 ml) di succo di limone appena spremuto
- ½ cucchiaino di sale kosher
- ¼ di cucchiaino di pepe nero appena macinato
- cucchiai (75 ml) di acqua

**ISTRUZIONI**

a) Unisci l'avocado, lo yogurt, le erbe aromatiche, l'aglio, l'olio, l'aceto, il succo di limone, il sale e il pepe nella ciotola di un robot da cucina. Mescolare continuamente fino a che liscio e ben combinato, raschiando i lati della ciotola se necessario. Con il robot da cucina in funzione, aggiungi l'acqua, 1 cucchiaio (15 ml) alla volta, fino a raggiungere la consistenza desiderata.

## 90. Salsa Di Avocado

Fa circa 1 tazza (235 ml)

**INGREDIENTI**
- 1 avocado maturo, sbucciato e snocciolato
- ½ tazza (120 ml) di acqua
- Succo di 1 limone o lime
- 1 spicchio d'aglio
- ¼ di cucchiaino di sale kosher
- ¼ di cucchiaino di pepe nero appena macinato

**ISTRUZIONI**

a) Metti tutti gli ingredienti nella ciotola di un robot da cucina o frullatore. Procedere continuamente fino a quando la salsa è liscia, da 1 a 2 minuti.

## 91. Vinaigrette di tutti i giorni di base

Produce circa ¾ di tazza (180 ml)

**INGREDIENTI**

- ⅓ tazza (80 ml) di succo di limone appena spremuto o aceto, come balsamico, sidro di mele, vino bianco, vino rosso o aceto di riso
- 1 cucchiaio (11 g) di senape di Digione
- 1 spicchio d'aglio, tritato
- ⅓ tazza (80 ml) di olio extravergine di oliva
- ½ cucchiaino di sale kosher
- ¼ di cucchiaino di pepe nero appena macinato

**ISTRUZIONI**

a) Unire tutti gli ingredienti in un barattolo piccolo. Agitare bene fino a quando il condimento non sarà emulsionato. Utilizzare immediatamente o conservare in frigorifero fino al momento di servire.

## 92. salsa chimichurri

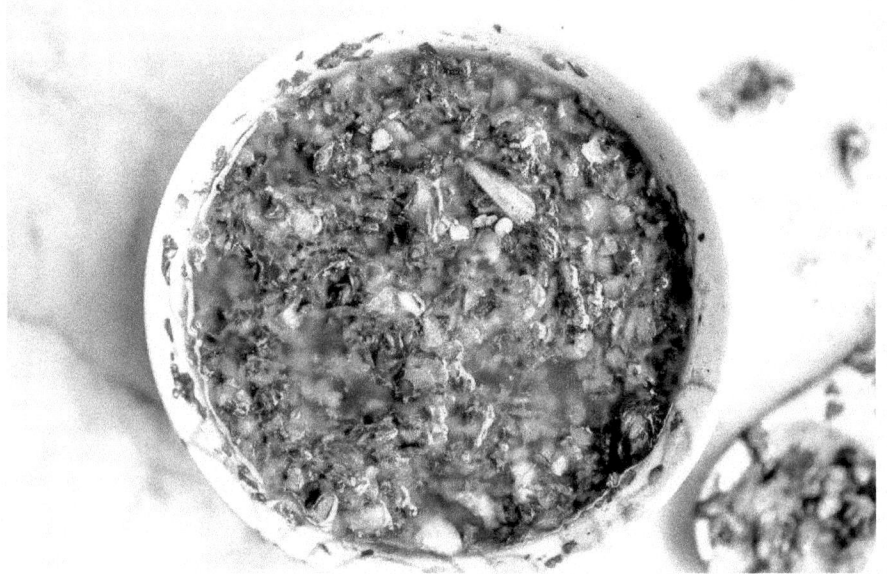

Produce circa ¾ di tazza (180 ml)

**INGREDIENTI**
- 1 tazza confezionata (16 g) di foglie di coriandolo
- ½ tazza confezionata (24 g) di foglie di prezzemolo
- 1 spicchio d'aglio
- ½ cucchiaino di sale kosher
- ⅓ tazza (80 ml) di olio extravergine di oliva
- 2 cucchiai (30 ml) freschi
- 1 cucchiaio (15 ml) di aceto di vino rosso

**ISTRUZIONI**
a) Metti tutti gli ingredienti nella ciotola di un robot da cucina o frullatore. Procedere continuamente fino a quando la salsa è liscia, da 1 a 2 minuti.

## 93. **Salsa cremosa di feta**

Fa circa ½ tazza (120 ml)

**INGREDIENTI**
- 4 once (115 g) di feta sbriciolata, a temperatura ambiente
- 3 cucchiai (45 ml) di acqua
- 1 cucchiaio (15 ml) di olio extravergine di oliva
- ½ cucchiaino di sale kosher

**ISTRUZIONI**
a) Metti tutti gli ingredienti nella ciotola di un robot da cucina o frullatore.
b) Procedere continuamente fino a quando la salsa è liscia, da 1 a 2 minuti. Diluire con altra acqua, a piacere.
c) Servire immediatamente o conservare in frigorifero in un contenitore coperto fino al momento dell'uso.

## 94. Pesto essenziale con qualsiasi erba

Per ½ tazza (120 ml)

**INGREDIENTI**
- 2 tazze (96 g) di erbe aromatiche o verdure a foglia verde
- 2 cucchiai (18 g) di noci o semi tostati
- 2 cucchiai (10 g) di parmigiano grattugiato

**ISTRUZIONI**
a) Metti tutti gli ingredienti nella ciotola di un robot da cucina o frullatore. Procedere continuamente fino a quando la salsa è liscia, da 1 a 2 minuti.

## 95. Salsa di formaggio di capra leggera e cremosa

Fa circa ½ tazza (120 ml)

**INGREDIENTI**
- 4 once (115 g) di formaggio di capra, a temperatura ambiente
- 1 cucchiaio (15 ml) di extravergine

**ISTRUZIONI**
a) Metti tutti gli ingredienti nella ciotola di un robot da cucina o frullatore. Procedere continuamente fino a quando la salsa è liscia, da 1 a 2 minuti.

**96.   Salsa di miso e zenzero**

Produce circa ¾ di tazza (180 ml)

**INGREDIENTI**
- ¼ di tazza (36 g) di anacardi crudi non salati, messi a bagno in acqua durante la notte e scolati
- ¼ di tazza (60 ml) di aceto di riso
- 2 cucchiai (30 g) di pasta di miso bianca
- 2 cucchiai (30 ml) di acqua

**ISTRUZIONI**
a) Metti tutti gli ingredienti nella ciotola di un robot da cucina o frullatore.
b) Procedere continuamente fino a quando la salsa è liscia, da 2 a 3 minuti. Diluire con altra acqua, a piacere.
c) Servire immediatamente o conservare in frigorifero in un contenitore coperto fino al momento dell'uso.

## 97. salsa di arachidi

Fa circa 1 tazza (235 ml)

**INGREDIENTI**
- ½ tazza (130 g) di burro di arachidi cremoso
- 3 cucchiai (45 ml) di salsa di soia
- 2 cucchiai (30 ml) di aceto di riso
- 3 cucchiai (45 ml) di acqua
- 2 cucchiaini (10 ml) di olio di sesamo tostato
- 1 cucchiaio (6 g) di zenzero fresco grattugiato finemente
- ¼ di cucchiaino di pepe di cayenna (facoltativo)

**ISTRUZIONI**
a) Unire tutti gli ingredienti nella ciotola di un robot da cucina o frullatore. Lavorare continuamente fino a che liscio e ben combinato, circa 2 minuti.
b) Servire immediatamente o conservare in frigorifero in un contenitore coperto fino al momento dell'uso.

## 98. Raita

Fa circa 1 tazza (235 ml)

**INGREDIENTI**
- 1 tazza (240 g) di yogurt bianco
- ¾ tazza (90 g) di cetriolo tritato
- 2 cucchiai di coriandolo tritato finemente
- (2 g) o menta (6 g)
- 1 cucchiaino (5 ml) di succo di limone appena spremuto
- ½ cucchiaino di coriandolo macinato
- ½ cucchiaino di garam masala macinato ¼ di cucchiaino di sale kosher

**ISTRUZIONI**

a) Aggiungi lo yogurt, il cetriolo, il coriandolo (o la menta), il succo di limone, le spezie e il sale in una piccola ciotola. Mescolare insieme fino a quando ben combinato.

99. <u>Salsa Di Peperoni Arrostiti</u>

Fa poco più di 1 tazza (235 ml)

**INGREDIENTI**
- 1 barattolo (12 once o 340 g) di peperoni rossi arrostiti, scolati
- ¼ di tazza (36 g) di mandorle tostate non salate
- 1 spicchio d'aglio
- ¼ di tazza (60 ml) di olio extravergine di oliva
- Succo di ½ limone
- 1 cucchiaino (2 g) di paprika
- Sale kosher e pepe appena macinato

**ISTRUZIONI**
a) Aggiungi tutti gli ingredienti nella ciotola di un robot da cucina o frullatore. Procedere continuamente fino a quando ben miscelato e per lo più liscio, da 2 a 3 minuti.

## 100. Salsa Tahin

Produce circa ¾ di tazza (180 ml)

**INGREDIENTI**
- ⅓ tazza (80 g) di tahin
- ⅓ tazza (80 ml) di acqua
- 2 cucchiai (30 ml) di succo di limone appena spremuto
- 1 spicchio d'aglio, tritato
- ½ cucchiaino di sale kosher
- ¼ di cucchiaino di pepe nero appena macinato

**ISTRUZIONI**

a) Metti tutti gli ingredienti nella ciotola di un robot da cucina o frullatore. Procedere continuamente fino a quando ben combinato, da 1 a 2 minuti. Diluire con altra acqua, se lo si desidera.

# CONCLUSIONE

Ci auguriamo che questo libro di cucina ti abbia ispirato ad esplorare il mondo delle ciotole di Buddha e tutti gli incredibili sapori e sostanze nutritive che hanno da offrire. Con 100 ricette deliziose e salutari tra cui scegliere, non rimarrai mai senza idee per creare pasti nutrienti e soddisfacenti.

Ma questo libro di cucina è solo l'inizio. Ti invitiamo a essere creativo e a sperimentare nuovi ingredienti e combinazioni di sapori per rendere tue queste ricette. Le ciotole di Buddha sono incredibilmente versatili e, con un po' di immaginazione, le possibilità sono infinite.

Quindi, se stai cercando di migliorare la tua salute generale, ridurre il tuo impatto ambientale o semplicemente goderti pasti deliziosi e soddisfacenti, crediamo che le ciotole di Buddha siano la soluzione perfetta. Sono facili da realizzare, personalizzabili all'infinito e sempre deliziosi.

Grazie per esserti unito a noi in questo viaggio alla scoperta dell'arte di creare ciotole di Buddha nutrienti e deliziose. Ci auguriamo che questo libro di cucina ti abbia ispirato a esplorare nuovi sapori e ingredienti e a creare le tue perfette ciotole di Buddha. Buona cucina!